Collection dirigée par Claude Roëls

Conception graphique de la couverture :

Boris Nicolas

Mise en page :

Pascale Cazenave

ISBN : 2-914353-15-4

Sommaire

Claude Askolovitch

La loi du jeu

nouvelle

Ils me regardent. Je me fais des idées, peut-être. Mais non, forcément, ils me regardent. C'est comme des lasers qui fouilleraient mon corps, ma nuque, ma peau. Ça me brûle. Plutôt un stade entier qui me conspue que ces piqûres. Et le remords... L'enfer, c'est le regard des autres, dans un vestiaire de grand stade, si les autres sont des copains que l'on abandonne. L'enfer du vestiaire, ce soir. Mon vestiaire, rouge, chaud, humide, la musique et les projecteurs, et ces top-models qui défilent sur la pointe des pieds entre nos bouteilles d'eau minérale et les caméras de *TV Mode* qui les suivent... Galbes et muscles. Gros plan sur le chaloupé d'Éva, la plus belle des nymphettes, la plus demandée des nouveaux modèles, qui déplace négligemment une paire de crampons ; et gros plan sur les grosses fesses de Mouss, l'avant-centre, juste à côté d'Éva, ce sont ses chaussures que la belle écarte... Encore heureux que Mouss se maîtrise quand les gamines le frôlent. Il a l'habitude...

Hiro, mon photographe attitré, mon ombre, un gentil garçon même s'il me colle, il transpire d'émotion, il ne sait plus si ce sont les mannequins qui l'émoustillent ou son reportage sur le héros du foot : moi. Il se reprend. « Toi, vedette chez moi ! Les Nippons t'aiment », il me glisse. Ça l'amuse de parler petit-nègre. Il me mitraille, je souris doucement, je lève la main, pour qu'il s'écarte un moment. « Contrat ! Contrat, la star ! » Oui, contrat. J'ai signé. L'*Asahi* fera cinq pages sur moi, demain. Cinq pages tirées à 102 millions d'exemplaires dans toute l'Asie. La bobine la plus connue de la planète. La mienne. Je souris donc, je relève la tête, juste un temps, clic-clac, ça y est Hiro ? Je replonge le nez pour ne pas voir le vestiaire. L'enfer, c'est un vestiaire, avant un match, quand tu sais d'avance que tu ne le finiras pas.

J'ai enlevé mes vêtements de ville. Je suis venu « en cool », comme dit mon môme. Je l'ai embrassé un peu plus fort, ce soir. En cool. Ça sera bon pour les télés, ensuite, quand je devrai parler. « Alors, vous entrez dans l'histoire », ils me feront ? J'aurai l'air d'un grand gars tout simple, un tee-shirt à peine mode, un pantalon de toile, des mocassins. L'air de n'importe quel mec de trente ans qui est en train d'y arriver sans devenir puant... « Tu ne la joues pas frime, ce soir, m'a dit l'Avocat. Oh fils ! Fils ! Tu écoutes ! Ne déconne pas ! Tu n'as pas l'air d'un millionnaire ! Ils savent ce que tu gagnes, ces cons ! Ils savent ce que tu vas toucher ! Tu n'en rajoutes pas. Ils peuvent te détester, et on est mort ! Il faut qu'ils t'aiment, tu piges ? ! Ils aiment un mec sympa, rien d'autre, qui est dans son droit. Pas un profiteur ! Pas un gavé ! Alors pas de chaîne, pas de montre en or, pas d'*Armani*, pas de chemise rose, pas de ceinture à clous, et tu prends la voiture de ta femme – non, de ta mère, une familiale, tu te démerdes. Et les cheveux, tu évites le gel, tu les sèches, tu laisses aller, et tu souris, sans arrogance, gentiment. Tu piges, fils ? ! »

Parfois, ce type me prend pour un con. J'ai failli lui dire que le mec qui puait la frime, c'était lui, avec ses costumes bariolés et ses cravates Pokemon. Il achète ses cravates chez les antiquaires, il collectionne le culte-kitsch d'il y a cinquante ans. Il sue. Il pense que les sportifs sont vulgaires. Connard. N'empêche, il est bon. J'ai pas à me plaindre de l'Avocat. Et puis il a raison. Je vais être gentil. On ne pourra pas ne pas m'aimer.

Je pense à quelque chose, soudain. Ça a l'air bête, j'avais tout réglé, sauf ce détail. Je n'aurai pas l'air idiot, après le match, si je dois revenir ici pour me rhabiller... Je me lève, je marche droit devant moi. J'évite les autres, les corps nus, jaunes, roses, noirs, tout propres encore, leurs yeux inquisiteurs. Je traverse le vestiaire, je vais vers Mario, notre chef de la sécurité. C'est le seul à qui j'ai envie de parler. Physiquement, il nous ferait la pige, aux sportifs. Quarante-cinq balais, il se tient bien. Il se tient vraiment bien. Un Italo-Américain. Il était dans les commandos dans la troisième guerre du golfe. Ensuite, le club l'a embauché. Il a cinq cents types sous ses ordres, une vraie armée, des engins blindés, des radars, un matériel d'espionnage électronique... Il y a cinq ans, des indépendantistes calabrais ont enlevé trois ailiers droits à Turin, Livourne et Naples, le même soir de championnat. Ils les ont retournés amputés. Un pied à chaque fois. Le gauche, le pied d'appui. Les ailiers droits privés du pied gauche. Le symbole. Trois types foutus. Bergmann, de la Juventus, un Danois. Mlasoto, celui de Naples, un costaud du Bostwana, qu'est-ce qu'il en savait, de la Calabre, le pauvre ? Et puis Lambert, un copain à moi, on s'était connus à l'Institut de formation des cadres et acteurs du football professionnel, au Mont Dore. Il dribblait bien. Il était bon en droit. Pauvre gars. Les pauvres... Vivants, mais foutus. « Les footballeurs sont les bouffons milliardaires des oligarchies, des gladiateurs consentants, qui occupent les foules pour détourner leur attention des injustices. Ils ne sont pas innocents. Ils sauront désormais les risques qu'ils prennent, à choisir le camp de la ploutocratie. » Je me souviens encore du communiqué des ravisseurs. J'ai l'habitude de tout garder, chez moi. Des archives chez un footballeur... La mémoire du sport. Je devrais vendre l'idée à une revue d'intellos. Dans le temps, quand j'étais stagiaire, je ne savais pas si j'y arriverais un jour, je voulais faire une thèse sur le football et la révolution. « Fais ce boulot si tu veux, mais n'oublie rien, ne sois jamais dupe », me disait pépé... Je l'ai tellement bien fait, ce boulot, j'en ai oublié de penser le monde... Mais je vais faire ma révolution, ce soir... Pas celle que pépé aurait aimée, mais tout de même...

En Italie, après leur libération, les ailiers droits sont allés au tribunal. C'est Lambert qui a eu l'idée. J'ai reconnu la patte du Mont Dore. On y apprenait le foot et la loi, les ficelles du métier et les placements à terme, et à parler en public, à écrire, et à polémiquer. En début d'année, le directeur nous chapitrait. Il avait été ministre des Finances en Grèce, et quart de finaliste de la Ligue d'Afrique avec le Mouloudia... « Vous êtes des personnages publics, des leaders d'opinion autant que des sportifs salariés. N'oubliez pas que vous avez des droits. En les faisant respecter, c'est la cause de tous que vous faites progresser. Il est aussi vital de savoir lire un attendu de la Cour suprême financière d'Omsk, que de connaître les mystères du *corner* direct. » Lambert a été digne de l'école. Il a défini la tactique. Les amputés ont attaqué les clubs, directement, pour « préjudice lié à une lacune d'organisation ». Ils ont gagné. « Une société professionnelle de *calcio*, bénéficiant de l'engagement physique de ses footballeurs, se doit de garantir leur sécurité, sur le terrain comme en dehors » a proclamé la Cour de Rome. La Cour suprême européenne a confirmé. On a appelé ça l'arrêté Zidane. Zidane... Un vieux monsieur, totalement chauve, mais toujours des beaux yeux. Il avait été footballeur avant. Une espèce de dieu, en France, il y a quarante ans. Il avait surpris tout le monde en faisant de la politique, après sa carrière... Un type discret, mais on ne lui résistait pas. Il était devenu juge suprême en Europe à soixante ans. Dans l'affaire des ailiers droits, il s'était souvenu de ses matches... « Moi aussi, j'ai eu peur, parfois... » C'étaient des paroles de vieux monsieur.

Elles ont changé notre vie. Son arrêté disait bien : « sur le terrain comme en dehors ». Après le verdict d'Omsk, les clubs se sont mis à protéger les joueurs... Deux-trois « procès Zidane » en plus, quelques milliards en moins, ils ont compris qu'ils n'avaient plus le choix. Quand Caballero, l'attaquant de Valence, a fait condamner son club après qu'un défenseur de Bilbao lui eut cassé la jambe, « parce que les choix tactiques de Valence exposent inutilement la santé physique du plaignant, le forçant à affronter, isolé, des défenseurs supérieurs en nombre » a déclaré la Cour, on a tous compris que le football devenait aussi passionnant que la vraie vie.

Les entraîneurs ont inventé un nouveau poste : « garde-couvreur ». Des costauds, qu'on mettait à la surveillance des défenseurs adverses, pour les empêcher d'agresser les attaquants... Leur apparition a mis fin aux procès pour « négligence tactique » qui se multipliaient. « C'est un match dans le match », disaient les journaux, quand un bon garde-couvreur trouvait sur son chemin un « démolisseur » d'expérience : un de ces défenseurs spécialisés dans l'agression et la destruction physiques des talents adverses. « Le démolisseur, c'est l'arme absolue, le tueur à gages ! Mais le garde-couvreur, c'est la force de dissuasion dans l'armée, et un bon alibi en cas de pépin », rigole le coach, quand il veut faire le malin. Pour la sécurité hors des stades, les clubs ont engagé des vigiles, puis ont carrément formé des milices. C'est ainsi qu'on a vu arriver Mario et ses boys. Tous body-buildés, des Ritals de Brooklyn, des anciens G.I's... On vaut bien ça. Il faut tout protéger. Le stade, le patron, le coach. Nous. « Ces hommes valent 1 000 milliards d'euros. » C'est une photo dans *France-Football.* On l'a affichée dans le couloir. On a de bonnes têtes, devant le capitole de Rome, avec le trophée devant nous. C'était il y a deux ans... On avait tué Cologne en finale. Il y avait eu une douzaines de morts dans des émeutes urbaines en Rhénanie. Le gouvernement local était tombé. Gunther, le gardien de Cologne, avait accusé le fisc fédéral d'avoir déstabilisé les joueurs en enquêtant sur des affaires de blanchiment qui touchaient la moitié de l'équipe. Cologne appartenait à un fonds d'investissement où l'on trouvait des trafiquants d'armes, des importateurs de pavot, et la société des joueurs. Ça avait fait un beau procès, encore, devant la Cour de sûreté financière européenne. Gunther avait témoigné.

Il avait gagné. L'enquête sur le blanchiment s'était interrompue, « attendu que l'enquête en cours affaiblit les équipes allemandes engagées sur le front européen, et que la bonne marche du *Fussball* est indispensable à la paix civile, donc à la protection des personnes et des biens ». Sacré Gunther ! Un bon gardien sinon, une bonne prise de mains... Je l'avais dribblé pour marquer le dernier but, à quatre-deux. Il avait failli me prendre la cheville, j'avais sauté juste à temps. Le soir, avec Mario, on avait discuté très tard, dans l'hôtel. Trois tanks de l'armée italienne protégeaient notre fête, et les hommes de Mario patrouillaient dans les couloirs, fusil d'assaut au poing. On disait que des terroristes du Haut-Hanovre voulaient venger la défaite de Cologne. « *It's a strange world, son* », m'avait dit Mario. Il avait un peu bu... Ce soir il est sobre... C'est moi qui ai la tête qui tourne. La musique du défilé de mode m'envahit la tête. L'odeur des filles se mélange à la nôtre : parfum et embrocation... Je ne vais pas tourner de l'œil quand même...

Mario ? « Oui, *sonny...* » Il a une bonne tête. Il a l'air désolé de ce qui m'arrive. Il m'aime bien. C'est le boulot, après tout. Est-ce qu'il saurait trahir, lui aussi ? Mais je ne trahis rien. Je suis un pro. Un pro, putain ! « Mario, en début de seconde mi-temps... Tu retires mes affaires du vestiaire, tu veux bien ? Et tu les emportes à côté ? Tu le fais toi-même, s'il te plaît. Tu passes le relais à Zeev... » Il connaît Zeev, au fait ? Il doit le connaître quand même... Il fait le même boulot que lui à l'Omniscient de Marseille. Zeev était un para israélien. Il s'emmerde depuis que la paix a été signée. Il fait de la sécurité en Europe. Il est entré à l'OM en 2038. Ses types à lui sont tous palestiniens et israéliens, ceux qui se massacraient il y a encore quinze ans. Ils sont les rois de Marseille. Les gardiens de l'OM... Ils sont venus me voir pour le déménagement. Ils avaient des bosses au niveau de la poitrine, sous le blazer club... Ils parlaient dans un mélange d'arabe et d'hébreu, j'entendais des mots qui me rappelaient les derniers massacres... Là, ils riaient. « En fait, on se hait encore, on ne s'est rien pardonné, m'a soufflé Zeev. Ça nous donne une force fantastique, tous ensemble. Plus nous nous haïssons, plus nous saurons haïr ceux qui te menacent, « *hamoud,* mon mignon... » C'était la semaine dernière. Zeev, je le voyais pour la deuxième fois. La première, c'était il y a un mois, le jour de la signature du contrat, dans le *penthouse* du Padre, quand on mettait au point les derniers détails du spectacle. Il était à l'arrière, bras croisés, sourire narquois, on le voyait à peine, tant le Padre bougeait. « Viens, Zeev, je te présente le héros des temps modernes ! » Le Padre de Marseille. Sa robe de bure et ses bagouzes… Le curé milliardaire… Il était ravi. Il avait tout prévu. « On a des amis à Marseille, petit ! » Rémunération *off-shore* ; participation dans des casinos aux Caraïbes ; stock-option sur la société d'importation des céréales sahariennes ; un jeu virtuel à mon nom... « Et puis, tu toucheras tes droits sur les images du transfert... Le PSG-OM de tous les temps, le plus beau match depuis que le foot existe, on va leur revendre tes cinq minutes de gloire sur les télés du monde entier, à faire péter la balance ! »

Le Padre riait. L'Avocat lui tapait sur le ventre. Zeev avait ri, lui aussi : « Quand tu seras chez nous, pas de blague de ce genre, hein, Padre ? ! » J'avais tiqué. « C'est une menace ? Je viens chez vous librement, je n'entre pas dans la mafia ! » J'ai senti un froid. L'Avocat ne bougeait plus. Le Padre avait le masque, sa voix sourde des mauvais soirs, à la télé, quand il terrorise les reporters s'ils insistent sur une défaite. « Je me demande si je fais bien de te prendre. Mais l'opération est trop engagée maintenant. On a les télés, la presse qui attend. On est dans le même bateau. Ne fais pas le con surtout... » Dans le couloir, Zeev m'avait tapoté l'épaule. « Il y a des mots, il vaut mieux les éviter avec lui. Ne t'inquiète pas... » Un soldat, mais un brave type. J'espère. « Mario, tu connais bien Zeev, au fait ? Tu lui donneras aussi les clés de ma voiture, pour qu'il la change de parking. » Mario sourit. « *I ain't stupid, man.* » Je retourne à ma place. Voilà une bonne chose de faite.

Je me rassieds. Je respire profondément. J'enfile mon maillot. Bleu et rouge, parements blancs. La dernière fois. Il est doux. Rembourré aux côtes, si mon garde-couvreur relâche son attention. Les chaussures maintenant... Je me penche. Je sens encore leurs regards sur moi. Je commence à me détendre, tout de même. Ça me fait marrer, tous les copains ne pensent qu'à moi alors que le match va commencer dans vingt minutes. On joue la tête, ce soir, mais ils ne pensent qu'à moi... Et puis le gros qui cause tout seul, perché sur sa chaise, et que personne ne calcule, c'est encore meilleur... Le coach qui prêche dans le désert. Laisse tomber gros père, c'est moi qu'ils regardent ! Et même si je n'étais pas là, ça fait longtemps qu'ils s'en moquent, de tes causeries d'avant-match... Ils ont tous téléchargé les données de ce soir sur le serveur fédéral. On a emmagasiné les infos essentielles, les joueurs, leur style, leurs statistiques, leurs réflexes, dans notre petite puce, ce parasite électronique qu'on nous greffe quand on entre au club ; un bijou, cette puce : on ne la sent même pas – bien utile pourtant, lovée dans notre cerveau gauche... Tiens, il faudra que je pense à la rendre... Ou bien, on va me la reprogrammer à Marseille. « La naissance du cyborg footballeur » avait titré *Le Monde* quand le « football ship » était entré dans les mœurs, j'avais lu l'éditorial, j'étais jeune, mais j'avais déjà tout compris... Je m'étais marré. Il fallait être aigri comme ces donneurs de leçons, qui n'avaient jamais tapé dans un ballon, pour refuser la puce. Je m'étais précipité pour m'en faire poser une. J'avais dû intriguer auprès du *staff* médical pour l'avoir. Je venais de quitter le Mont Dore pour Lyon. « Je vais jouer en équipe première, c'est l'intérêt du club ! » Ils avaient fini par céder. J'étais fier d'avoir ma puce à dix-sept ans... Aujourd'hui, des gamins de douze ans s'en font couramment greffer. Leurs parents empruntent aux banques. Si ça marche, si leur môme devient pro, ils se rembourseront sur le premier contrat... Les pauvres naïfs... La puce, c'est comme le dopage, ça ne suffit pas si on n'a pas le talent.

Quand j'ai eu la mienne, je me souviens, j'ai foncé dans ma chambre, j'ai allumé l'ordinateur, je me suis connecté, c'était comme mon premier pétard, je planais... J'ai téléchargé des matches entiers des vieilles Coupes du monde. Soudain, c'était comme si je les avais jouées. J'étais plein de toute une sagesse... Je comprenais des gestes techniques que je n'avais jamais encore envisagés. Le lendemain, je jouais en réserve, contre Saint-Chamond, j'ai tenté un lob du milieu de terrain. « C'est le geste de Pelé contre la Tchécoslovaquie », m'a dit Pépé qui me regardait à la balustrade... Il m'a raconté Pelé, un joueur de sa jeunesse, un génie du ballon. Il était émouvant pépé. Ce qui était plus beau encore, son Pelé, j'avais l'impression de l'avoir connu moi aussi. On n'a jamais été aussi proches que ce jour-là. Grâce au cyberdopant, comme disait *Le Monde,* je partageais sa culture. Pourtant, je n'avais pas osé lui avouer que j'étais greffé. Il n'aurait pas aimé.

Le coach non plus n'aime pas trop la « football ship », c'est la mort de son métier, à terme, la fin de sa logorrhée... Quand les actionnaires se rendront compte qu'un ordinateur en réseau peut suppléer à toute sa démagogie... Vieux con. Il a dû dessiner des flèches au tableau électronique, comme d'habitude ; il manipule son portable, il fait bouger sa souris sur le cul de son survêtement pour que ses schémas tactiques s'affichent sur l'écran-plasma du plafond. Je ne regarde rien, j'ai pris mes écouteurs, j'ai changé le canal de ma radio, je suis passé du deux (causerie du coach en français) au neuf (musique de chambre, Bach), et je ferme les yeux pour ne pas les voir. Ne pas les voir qui me regardent... Allez-y mes copains, matez donc, profitez-en... Mouss l'avant-centre, ta tête de chauve en or, tes dents de travers à force d'avoir reçu trop de coups de coude, les écouteurs dansent sur tes bosses (canal un, causerie du coach en anglais, traduction simultanée), mais les filles te tombent dans les bras quand tu danses à Accra, tu m'avais emmené en vacances, tu te souviens ? ... Et toi aussi regarde-moi, Nissim, mon garde-couvreur (canal sept, causerie en tadjik, traduction simultanée, ça fait trois ans qu'il y a une filière tadjik dans le championnat, ils ont le geste protecteur dans le sang, ces types), ça te change, pour une fois que tu ne contemples pas tes bouclettes de dribbleur de charme... Et toi aussi Janek (canal quatre, causerie en allemand, ça t'a toujours rendu fou que le club ne traduise pas le blabla du vieux en polonais (« c'est normal, vous allez tous chez les Boches, en *Bundesliga*, avant de venir chez nous, on vous confond à force », te répond le coach, et tu rougis de rage, mais tu sais que c'est vrai, *ja* !). Janek, mon second garde, avec ta morale de moine-soldat du ballon, jamais d'alcool, des passes au millimètre, et tes sermons sur « l'abomination du tacle par-derrière, z'est le fascisme du football, *tak* ? ». *Tak tak*, oui oui, *ja*, en plus, je suis d'accord avec toi, mais tu crois que le fascisme est en jeu, dans notre monde si propre, si riche ? On est des pros mon gars ! Le fascisme, c'était l'histoire d'avant, on n'était pas nés...

Mouss, Janek, Nissim... On a fait une sacrée équipe quand même. Avec Mario, on jouait au basket pendant les tournées. Il tenait le choc, le yankee... Je devrais leur parler peut-être. Dire quelque chose de solennel, pour cette dernière soirée. Je n'ose pas. Pas envie. Allez-y les gars, regardez-moi...

Ils sont peut-être jaloux après tout. Ce ne sont pas eux, les héros. C'est mézigue ! Ma pomme, Jean Pluvinage, capitaine de l'équipe de

France, capitaine du Paris Sporting Gaullien, le 17 octobre 2041, je vais faire l'histoire... *L'Équipe* m'a collé pleine page à la une ce matin, on crée trois sites sur moi chaque minute sur la Toile, le match de ce soir est retransmis en Australie, au Brésil, en Croatie... Eh oui Mouss, c'est moi la star ! J'ai *Newsweek* depuis une semaine à domicile, et Hiro, mon collant de l'*Asahi...* Où il est passé celui-là ? Il se tape une bière, il a chaud ce soir. Il retient sa main pour ne pas caresser Éva qui se trémousse à deux pas de lui. J'aurais préféré travailler avec la minette de *Match,* ils étaient prêts à payer pour l'exclusivité. Ils me promettaient aussi la couverture : « L'homme qui a changé le football » ; et elle avait quelque chose dans le regard qui promettait qu'on ne s'ennuierait pas, sous la couverture... J'ai laissé tomber quand même. « Trop risqué, m'a dit l'Avocat. Tu ne mélanges pas les genres, on peut te piéger. Une fille te drague ? Tu la fuis. Tu te rattraperas après.» J'ai cédé. Je regrette. Elle ne m'aurait pas piégé, la mignonne. J'ai eu tort. Pour une fois...

Je ne sais pas pourquoi je pense au sexe maintenant. J'ai peut-être peur, alors je bande ? Ou bien c'est l'ambiance. Ce vestiaire qui ressemble à un lupanar... Il est tendu de velours rouge, depuis que le couturier a racheté le club. Une idée à lui. Au début, on ne le sentait pas trop, ce patron-là. Un couturier. C'est des mecs, ces types-là ? On disait que ça l'excitait de voir des beaux mecs en sueur... Tu parles. Le patron, il détourne les mannequins mineurs, il les emmène en java, au stade et en boîte, et au pieu la nymphette ! Il essaie de copiner avec nous. Il nous propose des filles, il en a de nouvelles tous les soirs. Chaque match, on a des mannequins qui défilent entre nos sacs ouverts, dans notre odeur de sueur, de boue, de pommade. « C'est ma synergie de groupe, mes singes et mes princesses », chantonne-t-il, quand on a gagné... On a pris l'habitude. On sort de la douche, on se fraie un chemin dans la foule des minettes, on a la peau qui fume au milieu des frous-frous, la bite à l'air, les cuisses pleines de bleus, les infirmiers qui se pressent autour de nous, avec leurs cocktails et leurs seringues, ce qu'ils nous mettent dans le cul, je ne veux pas imaginer... Tout est sous contrôle, il paraît. On a signé quinze avenants en arrivant. Nous confions notre corps au club, pour qu'il l'entretienne, afin d'en tirer un meilleur profit. Nous renonçons par avance à toute poursuite judiciaire en cas de malaise survenant plus de cinq ans après notre départ. On a peut-être des produits à combustion lente. Je me demande si je banderai encore à cinquante piges. Et Éva, elle en sera où, avec ses seins déjà siliconés, à vingt ans ?... On est des créatures de rêve, elle remue les fesses, je tape dans la balle, nous mourrons pour le spectacle...

Quand j'étais môme, pépé me racontait que son parti était mort le jour où il avait ouvert sa maison de béton aux défilés de mode. Pépé avait fait du foot et de la politique. Il était communiste, c'est un truc qui n'existe plus. « Un jour, ils ont loué le siège du parti à un fabriquant de vêtements ! On était finis, tu entends ? Finis ! » Pépé était communiste et footeux, il disait. Footeux... Il aimait le beau jeu et croyait que le monde devait être juste. Il est mort en 2029. Il avait plus de quatre-vingt-dix balais. Moi, j'en avais dix-huit. J'ai pleuré une journée. J'étais à Lyon depuis un an. Il préférait cela au Mont Dore. « Bien sûr, tu es payé par des marchands d'armes. Mais au moins, c'est un club, ça ressemble à quelque chose. » Il avait été surpris par l'école, nos amphis de mécanique corporelle, nos grands oraux de droit commercial, et nos concours d'éloquence... « Ça ne ressemble pas à un centre de formation », il bougonnait. Il était né en 1937, dans l'autre siècle... Je l'appelais pépé. Arrière-grand-père, je n'osais pas. C'est lui qui m'avait fait aimer le foot. Il avait ces piles de journaux chez lui, on y voyait des types malingres dans des shorts trop grands qui poussaient des balles trop dures... « Un ballon comme ça, aujourd'hui, pépé, le club se prend un procès tout de suite... Tu tapes dedans, tu chopes une tendinite, ça fait un million ! » Il râlait. Il me trouvait cynique. Je me moquais de lui... J'ai pleuré une journée, puis le soir, je suis allé à la salle de gym. J'étais en pleine cure d'hormones, pour augmenter la résistance de la peau. « Ça t'endurcira aussi le cœur, petit », m'a dit l'infirmier. Je ne l'ai pas frappé.

Ce que je vais faire ce soir, pépé, ça ne lui aurait pas plu. Il n'aurait pas compris. Une trahison, quelque chose comme ça. Changer d'armée au cœur de la guerre... Un truc qui ne se fait pas. Même moi, je ne suis pas sûr. Quand je donne des interviews, j'ai l'air convaincu, offensif, je suis brillant. J'épate même l'Avocat... Moi aussi, je sais plaider, frimer ! Ça m'amuse de jouer ce rôle, mais j'ai une boule dans le ventre. J'ai écrit une tribune pour le *New York Times*, en anglais, directement, je suis assez fier. J'ai raconté plein de choses sur la dignité du sportif, sur l'éthique de la libre entreprise et l'hypocrisie des maîtres du sport... « Mettre à l'épreuve les principes qu'affichent nos patrons, les forcer à reconnaître la liberté du footballeur, tester le capitalisme sportif, c'est le seul combat politique possible aujourd'hui – et tous les vrais libéraux devraient le comprendre... » Je me suis étonné moi-même. « Tu es un vrai politique, fils », m'a dit l'Avocat, puis il a ébouriffé mes cheveux. « *We will put to test their so-called sacred free enterprise principles... A soccer player is a free man, free to use his gift, ans sell his manpower wherever, to whoever, whenever he wants...* » Dans un siècle, on citera mon article dans les cours de droit. Allez vieux, calme. Concentre-toi, maintenant.

J'enfile mes protège-tibias en titane traité. Ils sont aux normes. Vérifiés hier matin ? Oui, le tampon y est. Ça vaut mieux, ce soir... Les assurances ne jouent pas si la protection n'est pas conforme.

J'ai connu un type, c'était il y a quinze ans, j'étais apprenti encore, même pas, stagiaire au Mont Dore. Waldeck. On l'admirait tous. Il était sorti d'une de nos premières promotions. Il était agrégé de droit et numéro 10 à Brescia. Il était tout ce qu'on voulait être. Un sale tacle lui a cassé le tibia, arraché les ligaments, bousillé le genou, une boucherie. C'était le démolisseur de La Lazio qui l'avait attrapé. Il n'a jamais pu rejouer. Il avait vingt-cinq ans, une carrière en or devant lui. Milan le guettait, il avait tout perdu. « Un manque à gagner de 600, 700 millions d'euros sur huit ans », avait titré la presse, ils avaient tout calculé... Il ne s'est pas pourtant affolé. Il a fait la seule chose à faire. Il est allé en justice pour exiger un dédommagement. Il a pris une batterie d'avocats, des experts en doléances sportives, une batterie de financiers avec eux. Il a attaqué La Lazio et son démolisseur, et puis l'arbitre, qui avait laissé la partie s'envenimer. Il aurait dû gagner. Il a perdu. L'avocat du démolisseur – un paysan albanais, un géant poilu, rude et jovial – avait fait établir que le protège-tibia de Waldeck était défectueux. « Par conséquent, on ne peut considérer mon client comme responsable des conséquences de son geste, certes viril, mais communément admis par la communauté du football. » Imparable. C'était avant l'amendement Zidane. Waldeck n'a pas pu se retourner contre son propre club, qui lui avait fourni le protège-tibia. Il a tout perdu. Je ne sais pas comment il a fini. J'ai peur de deviner.

Au Mont Dore, on était malades. On ne parlait que de ça dans nos cours de droit. Cette faille dans laquelle était tombé Waldeck… Mais aujourd'hui, je vais le venger. C'est cela, je vais venger Waldeck. Voici la revanche du footballeur, la dernière lutte des classes. Le plus beau tour de passe-passe de l'histoire du sport. C'est tellement simple, en fait...

D'abord, je vais jouer. Comme d'habitude. Mieux encore si je peux. En planter un, par exemple. Faire des gris-gris, des passements de jambes, une roulade. Tacler comme une brute, mais avec l'art, et puis flamber quand même. Tout leur donner. L'Avocat m'a dit d'être bon. « Tu es un professionnel. On a tout joué là-dessus devant les tribunaux. La presse est presque convaincue. Reste l'opinion. Tu es un professionnel, un homme libre, pas un truqueur. Donc tu leur montres ce que tu vaux. C'est un combat pour la liberté du footballeur, tu n'oublies pas. Tu es libre de choisir ta vie, mais tu respectes ton contrat, ta parole. Tes engagements, ton métier. Et on les nique ! »

On les niquera donc. Je vais jouer comme jamais. Jusqu'à 21 h 23. À ce moment, on jouera la... Zut. Je me perds. Le match débute à huit heures. On joue jusqu'à moins le quart. Peut-être deux minutes de rab, si la partie est tendue. Paris-Marseille, on peut se frotter. Donc mi-temps à huit heures quarante-sept. Un quart d'heure de pause aux vestiaires. C'est là que ce sera le plus dur, d'écouter encore le gros con, avec son survêtement qui moule la bidoche, la vedette des télés populaires, l'homme qui parle de bon sens et des valeurs perdues du foot. Le coach. Il n'osera même pas parler de moi. Il en aura envie pourtant. Il n'osera pas me remplacer... Trop peur de ce qui lui tomberait dessus alors... Une ordonnance de référé le force à m'aligner, sauf blessure : « Attendu que la qualité sportive du plaignant est incontestable et que rien en conséquence ne pourrait entraîner sa mise hors de l'équipe, hormis une volonté de faire pression sur le joueur dans le différend qui l'oppose à son club – raison que le tribunal ne saura admettre ». Fin de citation, juge de paix de Mouffetard, 20 juin 2040 ! Je serai donc toujours titulaire. On retournera sur le terrain à neuf heures et deux minutes. Il m'en restera vingt, vingt et une à tout casser avant le roulement de tambours. Quand 21 h 23 s'approcheront, je devrai interrompre le jeu. Mettre la balle en sortie. Puis je regarderai sur le côté du terrain. Je marcherai, calmement, vers la ligne de touche...

« Tout est prévu m'a dit l'Avocat. Tu vas vers le banc. Le coach te fait remplacer. Tu ne t'occupes pas de lui. Tu vas voir le secrétaire du club... Il te fait signer une feuille. C'est ton solde de tout compte. Tu le signes. Puis tu enlèves ton maillot, ton short, tes chaussures, tes chaussettes... J'aurai fait apporter un peignoir, si tu as froid... Tu rends tes affaires au secrétaire. Il est 21 h 24. Tu es totalement libre. Un autre homme vient alors vers toi. C'est le clerc du notaire, tu sais, celui qui s'occupe de l'OM. Tu le reconnaîtras, il boite un peu. Il est toujours sur la photo près du Padre… Il te présentera ton nouveau contrat. Celui de Marseille. Tu le signes. À ce moment, on vient te donner un nouveau short, ton maillot, tu es numéro 10, c'est dealé, et tes chaussures. Tu t'habilles. Et tu retournes sur le terrain, tout de suite. Et tu finis la partie avec ton nouveau club... Avec tes nouveaux copains, petit père ! » Mes nouveaux copains. À la fin du match, je les suivrai dans le vestiaire « visiteurs », où Mario et Zeev auront transféré mes habits de cool. Je regarderai mes nouveaux partenaires, je subirai leur regard, je serai étonné de ne plus voir de velours rouge – seul le vestiaire du PSG est décoré, et les minettes me manqueront. Et Mouss, et Janek aussi. Je me rhabillerai en silence. J'irai chercher ma voiture dans le parking « VIP », plus dans celui du PSG, et je rentrerai chez moi, et je déménagerai demain pour Marseille, et ce sera fait. Et je ne serai plus jamais seul. Je ne serai plus jamais libre. Je serai accompagné pour toujours par le poids de mon geste… « Pluvinage, ou la transgression » a titré *L'Équipe* ce matin. « Pluvinage : la liberté du travail est-elle un abus ? » se demande *L'Observateur.* « Pluvinage, la polémique.» « Pluvinage le traître, ou le héros ? » « Pluvinage, le footballeur est un homme seul… »

Je ne serai plus que mon histoire, rien d'autre. Pluvinage, trente et un ans, premier joueur de l'histoire à avoir changé de club en cours de partie. Pluvinage, du PSG et de l'OM, premier joueur à avoir commencé un match officiel dans un camp, et à le finir dans l'autre… Pluvinage, le pionnier. Le premier joueur à avoir poussé jusqu'au bout la logique de la liberté du travail dans le football. Mon cas sera pour toujours un objet d'étude dans les académies de droit. « Pluvinage contre PSG, France, 2041. De l'exercice du football considéré comme un acte librement consenti. » Ils feront des thèses sur moi… Ils ont déjà commencé…

Mon portable sonne. Je décroche. « Fils ! Je suis dans la tribune. Je pense à toi ! Dis donc, tu imagines, si tu marques pour l'OM après avoir marqué pour le PSG, fils ! Tu imagines les statistiques ! C'est la lune ! » Je raccroche. J'aime bien l'Avocat, finalement. Il a quelque chose d'un poète. C'est lui qui a inventé tout cet échafaudage. Un metteur en scène de ma vie, au moins y prend-il du plaisir…

Ce type trimballe un accent pied-noir vieux de trois quarts de siècle, c'est le summum du chic dans son milieu, où l'on se détend entre deux parties fines en visionnant sur des magnétoscopes grinçants les comédies méditerranéennes du siècle dernier. En fait, l'Avocat est de Jersey. « Territoire libre, pas d'impôts, vive le commerce ! » Il a vécu aux États-Unis. Diplômé de Yale. Law School. Assistant du commissionner de la Ligue de base-ball, puis avocat indépendant. Il a ruiné deux ou trois franchises en les attaquant pour négligence ou mépris envers leurs joueurs. Il s'est installé en France par amour d'une actrice. Il s'est investi dans le football. S'est fait une réputation. Elle est justifiée.

Je suis allé le voir en août 2039, pour débloquer un conflit récurrent avec le coach… Le vieux voulait me faire évoluer ailier et non plus meneur de jeu. Il me voyait tourner autour de Mouss. C'était mauvais pour ma carrière internationale. Ailier, j'étais barré. Je n'avais pas trente ans. Je ne voulais pas renoncer. Mais je ne voyais pas comment refuser. J'étais cerné. Le coach m'affectait deux gardes-couvreurs, le club me payait un psy, un soutien psychologique « pour faire accepter le changement de poste et réduire le traumatisme », disait le communiqué de presse. Il me signait un avenant à mon contrat me garantissant le privilège de tirer les penalties – « pense aux primes de but, Jean, penses-y ». Il me tenait. « Ton corps est à la disposition du club. Je te fais jouer où je veux. Ou je te sors de l'équipe… »

Quand j'ai raconté ça à l'Avocat, il a bondi. « Il vous a menacé de vous sortir de l'équipe ? Il est mort. Je le tiens. Je vais serrer fort maintenant. Vous avez des témoins ? Si non, faites-le recommencer, devant des copains, enregistrez-le… Puis provoquez-le. Commencez par réclamer votre transfert. Ensuite, laissez-moi faire. »

Il ne me tutoyait pas encore. C'est venu plus tard, quand on a commencé à encercler le club. J'ai donné une interview à *France-Football* pour exprimer mon besoin de départ. Le coach m'a mis sur la touche.

Ça a coûté 20 millions au club. « Entrave à la liberté d'expression, viol manifeste du premier amendement de la Constitution européenne, voie de fait sur un joueur libre, abus d'autorité, harcèlement moral ! » Devant le tribunal, l'Avocat chantait presque. Il leur a tout fait. Deux ans de procédure, des huissiers à chaque match, des interventions au Parlement. Jugement en référé, puis au fond. Juge de paix, Cour suprême. On a pourtant réussi à remporter le titre. Je jouais peut-être de mieux en mieux. Les arrêts des cours étaient aussi doux que les chants du Kop, un soir de Coupe d'Europe… « Attendu que la position de meneur de jeu de Monsieur Pluvinage lui est acquise par antériorité, toute tentative de le faire jouer à un autre poste serait considérée, à l'instar d'une mise à l'écart de l'équipe ou d'un retrait de sa titularisation, comme une mise en cause de ses intérêts professionnels et financiers. En outre, une telle action serait considérée par cette cour comme une brimade relevant des tribunaux pénaux. Chaque minute passée par Monsieur Pluvinage en dehors de son poste attitré de numéro 10 vaudra à son club une astreinte minimale de 862 000 euros. »

Je suis devenu inamovible. Le coach n'osait plus me regarder. Un mot de travers, je l'assignais. Un joueur protestait, « tu fous le bordel dans le groupe maintenant », je l'attaquais, et j'attaquais le club. « Mon client ne se sent plus protégé sur le terrain, puisque son garde-couvreur a pris le parti de sa direction… » L'Avocat était superbe. On a provoqué quelques transferts, afin de se débarrasser des gêneurs. Le club lui-même a demandé aux copains de me soutenir. Mouss, Nissim et Janek étaient ma garde rapprochée. Je suis devenu le roi. J'aurais voulu m'arrêter là. On avait gagné…

L'Avocat ne m'a pas laissé. « Tu es fou ? Tu es un symbole, fils. Une cause. Un bulldozer qui va retourner toute cette oligarchie pourrie qui gouverne le foot. On va révolutionner le ballon, fils ! La Loi sera leur tombeau ! On va continuer, jusqu'au chef-d'œuvre ! » Il a commencé à négocier mon transfert à l'OM, à faire monter les enchères avec le Padre. Ça lui a pris un peu moins de onze mois. Il avait repéré la date d'OM-PSG sur le calendrier. Le 17 octobre 2041. « C'est ce jour-là que ton transfert aura lieu ! » J'ai souri. « Avant ou après le match ? » Je connaissais déjà la réponse. « Pendant le match, fils ! » À la mi-temps, alors ? « Tu veux te cacher ! Non. Tu seras transféré en pleine lumière ! En cours de jeu ! devant 200 000 spectateurs qui t'applaudiront, si on sait monter l'opinion de notre côté... Devant le monde entier... Ce sera un chef-d'œuvre ! »

Il a tout décidé. J'ai suivi. Content encore. Je retrouvais l'esprit de mes amphis de droit, au Mont Dore. Et j'emmerdais les patrons, comme pépé. Peut-être que je lui ressemblais. Il a fallu vingt audiences pour que la cour commerciale entérine la rupture de mon contrat avec le PSG, à la date et à l'heure que nous voulions. Il a fallu quinze assignations pour empêcher la Fédération de déplacer le match. C'était comme un bombardement, nous ne vivions plus que pour ça. Les journaux ne parlaient plus que de nous. « PSG-OM aura lieu, et Pluvinage en sera le paradoxal héros... »

J'ai lu *L'Équipe,* ce matin. Je ne sais pas s'ils sont pour moi. J'aurais aimé. Peut-être. Le couloir a toujours la même odeur, le public fait toujours autant de bruit. Il n'y a aucune bannière, ni slogan hostile. L'Avocat les a fait interdire par avance. Les clubs de supporters sont même forcés de m'applaudir. « Tout sifflet à l'encontre de Monsieur Pluvinage sera assimilé à un acte malveillant, voire à une contrainte exercée à son encontre afin de l'empêcher d'exercer son droit au transfert. » Audience de conciliation du 10 juin 2040. Le club paie désormais des figurants qui m'applaudissent, de peur d'être à nouveau condamné... La pelouse est verte, à peine roussie par le soleil de la semaine dernière. La fumée nous environne. Je vois Janek, Mouss devant. Je ne m'en suis même pas rendu compte. Je joue.

(C'est un match de football comme les autres, pour celui qui n'y connaîtrait rien. Le numéro 10 du PSG est un peu pâle, mais il joue comme il n'a jamais joué. Il va marquer, peu importe combien de buts, peu importe comment, mais il a l'air heureux. Il tient la main de Nissim en retournant au vestiaire. Quand le match reprend, il sourit encore. Il est 21 heures et 20 minutes. 21 minutes. 22 minutes...)

Voilà, j'ai la balle dans les pieds. Ferenc me la file. Passe à l'adversaire. C'est pour le show. Ferenc, c'est le démolisseur de Marseille. Énorme. Il m'a toujours fait peur, ce soir particulièrement. Il a vraiment joué le jeu. C'est fou, il aurait pu me démolir, alors que je vais être son partenaire avant la fin de la nuit… C'est ça, un pro… Dans un corps à corps, je lui ai soufflé : « Mais à quoi joues-tu ? On est du même bord ? » Il m'a regardé avec des yeux noirs. « Pas encore. Je respecte le public. Il veut un match, pas de magouilles. » Il m'a foncé dessus, Janek s'est interposé… J'en ai tremblé intérieurement. Un pro, lui… Meilleur que moi, qui lui ai demandé grâce… Et le voilà qui s'approche, qui me donne la balle. Il ricane. Il ironise. Je le prenais pour un bœuf, c'est lui qui se moque de moi… « Voilà Pluvinage. Tu es sauvé. Dans une minute, tu es avec nous. Prends le ballon, mets-le en touche… » Je le regarde, interdit. « Allez, sors en touche, va te changer, va signer tes papiers, reviens maintenant… »

Le stade s'est arrêté de vivre, je ne m'en étais pas rendu compte. Un silence total. Les mots de Ferenc ont dû résonner jusqu'à Montmartre. Tout le monde s'est arrêté. Sur la touche, le clerc de notaire m'attend, avec mon nouveau contrat. Le coach s'apprête à me faire remplacer. Je vais marcher vers eux, accomplir mon destin… Je vais revenir, vêtu de blanc.

Je ne bouge pas. 21 heures 24, 25 maintenant. Je vois l'horloge arts-déco, au-dessus de la tribune d'honneur. Juste en dessous, le Padre, au milieu des costumes croisés dont je ne dois pas prononcer le nom. L'Avocat. Le Couturier. Je pense à mes comptes en banque ouverts à Saint-Martin, sur la vallée Bleue dans la colonie martienne, en zone *off-shore.* Je pense aux jambes d'Éva dans les vestiaires. J'ai parlé d'Éva au Padre : « Des putes, on en a de meilleures à Marseille ! » Je vois le visage d'Éva, quand elle frôle Mouss. Je vois le visage de pépé. Je vois les larmes de mon fils, ce soir : « Tu vas vraiment changer d'équipe en jouant ? Mais ça se fait pas ! » J'ai essayé de lui expliquer. Je n'ai pas trouvé de mot. « Ça se fait pas ! Ça se fait pas ! » Il trépignait. « À l'école, quand on change d'équipe au milieu, c'est qu'on n'est pas bon, on ne veut plus de toi ! Toi, tu es fort, alors ça se fait pas ! » Je fais pas. Ferenc s'est approché. « Alors, tu sors ? » Il a l'haleine lourde. Le stade est toujours aussi silencieux. « Mais tu sors, putain ! » Un hurlement dans la tribune. L'Avocat. Il pleure. « Mais tu ne vas pas tout niquer maintenant ! »

Je hurle à mon tour : « Si, je te nique ! C'est moi qui joue ! C'est moi qui décide ! »

Bien sûr, je ne sors pas. Je comprends tout maintenant. D'un coup. Une lumière. Je n'ai poussé cette situation aussi loin que pour ne pas sortir. Je ne le savais pas. Je devais le sentir. J'ai tout amené ici, je les ai laissés faire, pour entrer dans l'histoire. Mais pas comme ils croyaient. Pour leur dire non. Pour casser tout leur jeu. Pour ne pas suivre leurs règles, et provoquer la terre entière… Pour pépé, parce qu'il m'avait dit, le soir, au Mont Dore, après avoir regardé mes polycopiés : « Tu sais, les profs de droit, leur liberté a un goût de prison… La vraie liberté, elle sent le frais, et le sang parfois, parce qu'il faut se battre pour la prendre. Tes juristes, ils mettent des mots en musique pour t'enfermer. Je ne les vois pas sur les barricades... » Ça se fait pas. Ça se fait pas. Ça se fait pas. « Ça se fait pas, ce que vous me demandez ! »

J'ai hurlé encore. Le stade résonne. Je pleure tout seul. L'arbitre s'approche de moi. Il me parle tout doucement, comme à un malade. « Monsieur Pluvinage allez-y... » Je n'y vais pas. Je secoue la tête. « Monsieur l'arbitre… Il faut jouer maintenant. » Il me regarde comme s'il voyait un cadavre. « Vous savez ce que vous faites ? » Il a un petit geste vers la tribune d'honneur. Ils sont tous les cinq ensemble, regroupés, solidaires. Effrayants. Le Couturier, Mario, Zeev, l'Avocat, le Padre… Le pouvoir. « Ils ont des règles Monsieur Pluvinage. Vous avez accepté ce jeu. Vous ne pouvez pas tout briser maintenant… Soyez raisonnable. » Je pleure. « Mais ça se fait pas Monsieur l'arbitre. Un match, c'est un match. Ça a toujours été comme ça. J'irai à l'OM dans une demi-heure. Mais ça se fait pas. Il faut qu'ils comprennent… » J'ai regardé le stade, les supporters qui ne bougeaient plus. « Ça se fait pas ! Vous comprenez ! Le football, c'est sérieux ! C'est sérieux, un match ! »

À ce moment, le public a commencé à siffler. Il a hurlé, le public. « Pluvinage, mauviette ! Traître ! Dégonflé ! » Il m'a hurlé sa haine, je la méritais sans doute, pour avoir joué tant de mois au méchant jeu des tribunaux, et les frustrer finalement de leur moment historique. L'arbitre m'a regardé. « Vous êtes sûr ? » J'ai lâché la balle. Il a haussé les épaules. Il a sifflé. « Entre-deux. » Ferenc est venu devant moi. Il m'a craché à la figure. J'ai regardé la tribune. Mario et Zeev étaient côte à côte. Ils baissaient le pouce. Ferenc a souri. « Tu es mort… » J'ai cherché Nissim et Mouss, et Janek. Ils me tournaient le dos.

L'arbitre a sifflé une seconde fois. J'ai fermé les yeux, en attendant la charge de Ferenc.

*Le 17 octobre 2041, Pluvinage a eu la jambe brisée en trois endroits, les ligaments arrachés, le thorax enfoncé, son agresseur l'ayant piétiné cinq minutes avant que l'arbitre ne se décide à intervenir, attendant pour cela le feu vert du Padre et du Couturier. Il n'a plus jamais rejoué au football. L'agression a eu lieu à 21 h 42. Pluvinage, à cette heure précise, n'était plus sous contrat avec le PSG depuis dix-neuf minutes. Il n'avait pas signé de contrat avec l'OM. Il n'était donc qu'un passant comme les autres, sans licence, sans aucun titre à fouler la pelouse du stade. Les assurances n'ont pas couvert ses soins. Il n'a pas touché d'indemnité. Il a été condamné, par trois fois, par les tribunaux compétents pour : 1) violation d'enceinte sportive ; 2) usurpation du titre de footballeur ; 3) comportement susceptible de mettre en danger physique des sportifs pratiquants. Par la suite, le PSG, l'OM, l'Avocat, l'*Asahi Shimbun* et l'Association des joueurs professionnels ont entrepris une série d'actions pour ruptures d'engagement, abus de confiance, fausses promesses, délit de fuite juridique, et autres motifs. Pluvinage s'est exilé en Antarctique. Il se serait suicidé trois ans plus tard. D'autres sources prétendent qu'il aurait été assailli par un commando de pêcheurs de baleines armés de piolets.*

Six mois avant la mort de Pluvinage, en février 2043, en pleine finale de la Ligue de l'Ouest, Mouss et Janek, respectivement aux 42e et 77e minutes, avaient quitté le Paris Sporting pour rejoindre l'Étoile du Tremblay, forts d'un acte d'huissier délivré au stade même, sans avertissement préalable. Le public, cette fois, avait protesté. Le transfert ayant provoqué l'annulation du loto sportif, les procès en série qui avaient suivi avaient contraint l'État à réduire de 12 % les budgets sociaux, ceux-ci étant financés par les paris sur le football. Un an après, un coup d'État militaire survenait en Europe occidentale, installant au pouvoir une junte de colonels supporters de Manchester United, excédés par le pillage de leur club en pleine revanche de la Coupe d'Angleterre. Un exploit d'huissier avait signifié, à la 42e minute du match, le transfert de Burtin, leur gardien, de Lemieux, leur sentinelle, et la mise sous séquestre des biens du club, « équipements sportifs compris ». L'équipe, réduite à neuf, avait dû jouer pieds nus. Au pouvoir, les colonels faisaient fusiller les trois secrétaires de la junte internationale des avocats du sport, déportaient aux îles Lipari la moitié des effectifs de la Fédération de football, fermaient les tribunaux aux fins d'épuration, nationalisaient les compétitions sportives, et punissaient de mort le hors-jeu, le tacle en avant, et la sollicitation de tout joueur par un club rival en dehors des périodes de transfert. Le retour à la démocratie, marqué par l'élection d'une Assemblée constituante, pourrait survenir d'ici 2050. Cette année-là, la France accueillera la nouvelle Coupe de l'hémisphère Nord. Le futur grand stade de l'Ouest parisien pourrait s'appeler « Arène Jean Pluvinage ».

Maëlle Joulin, Anthony Lucas
& Hubert Vialatte

Le foot, sport ou argent ?

Dossier

Avant-propos

Est-ce que ce que nous raconte Claude Askolovitch dans *La Loi du jeu* peut arriver ? Peut arriver au football et peut, surtout, nous arriver ? La défaite du jeu et du sport face à l'argent, la justice, le pouvoir... En cette année de Coupe du monde, nous avons voulu nous poser la question des relations du football et de l'argent.

Nous ne sommes pas les premiers, évidemment, à nous intéresser au jeu le plus populaire de la planète. Le football est depuis pas mal de temps sorti des travées populaires pour venir occuper les débats entre intellectuels. Avant, le football était assimilé par l'intelligentsia à l'opium du peuple, aux jeux du cirque du XXe siècle. Un spectacle pour petites gens en mal d'émotions fortes.

Et puis les choses ont changé. La France est devenue championne du monde, on a demandé aux joueurs de s'investir, toujours plus, dans les actions de bienfaisance et la publicité : le football est devenu à la mode. Même si la France, ce n'est pas l'Angleterre où les femmes portent les maillots de leur équipe favorite.

Le cuir inspire les cellules grises et les théories – pro ou anti, passionnées ou objectives – ont fleuri au gré des parutions, d'autant plus diversifiées que le football est en pleine mutation. Des sociologues, comme Patrick Mignon, Christian Bromberger ou Jean-Marie Brohm, des journalistes, comme Philippe Broussard, voire des économistes, comme Jean-François Bourg, ont publié sur le thème.

Nous avons décidé de les rencontrer pour connaître leur vision du football de demain. Et aussi pour les confronter. Mais nous avons aussi réuni des témoignages et des remarques issus des membres de la « famille football », qu'ils soient présidents de club, entraîneurs, dirigeants ou – ne les oublions pas – joueurs. Autant d'acteurs qui ont bien voulu nous confier leur regard sur demain. Qu'ils en soient remerciés.

« Jamais les lois économiques n'ont à ce point prévalu sur les lois sportives. »

Ce dossier ne prétend pas élaborer une nouvelle théorie sur le football, encore moins une prédiction, mais plutôt confronter les regards contradictoires de ses observateurs les plus avertis. Pour essayer de comprendre où va le football, il s'agit de repérer ce qui, en lui, fait débat.

Jamais les lois économiques n'ont à ce point prévalu sur les lois sportives. Dans les années 1980, quand un chef d'entreprise décidait, à la manière d'un Bernard Tapie, d'investir dans le football, il s'agis-sait plus d'une question d'image, au service d'une ambition politique, que d'argent. Aujourd'hui, quand les actionnaires anglais investissent dans Manchester United, c'est pour gagner de l'argent, pas des titres – ou alors seulement si cela peut ramener des titres.

L'argent comme moyen est devenu l'argent comme fin. À ce titre, on dira que le football n'est que le reflet de la société (des loisirs) et d'une économie (capitaliste) qui le produit.

Mais l'essence même du football – ce qui se passe sur le terrain – s'en trouve changée. Jusqu'où les lois économiques peuvent-elles se substituer à la réalité sportive ? Peuvent-elles faire oublier ce qu'est le football ? Car le football ne se joue pas seulement lors de la Coupe du monde ou dans les stades de la Ligue des champions. Le football, c'est chaque supporter et chaque amateur qui le porte en soi, comme une culture.

L'idée de ce dossier est d'abord de dresser un rapide état des lieux du football de ce début de XXIe siècle. L'arrêt Bosman, du nom de ce joueur belge du Standard de Liège que nous avons interrogé, est à l'origine de la plupart des grands bouleversements actuels. Les joueurs circulent d'un club à l'autre à une vitesse grand V, au rythme des propositions financières sans cesse plus alléchantes. Le grand ordonnateur de cette mécanique sportive n'est autre que la télévision, bailleur de fonds et diffuseur du spectacle, omnisciente au point de moduler le jeu à sa guise. Car c'est bien le terme spectacle qu'il faut désormais employer. Un spectacle, non plus seulement universel comme l'est le jeu football, mais "mondialisé."

Ensuite, examinons les conséquences pour les acteurs du terrain de ces bouleversements qui feraient presque passer la NBA (Championnat de basket-ball nord-américain) pour une compétition collectiviste. Qu'est-ce qu'être joueur aujourd'hui, sur quoi se fonde la valeur d'un joueur ? Comment les entraîner ? Qui sont les clubs ? Comment s'organisent-ils ? Autant d'aspects du football qui ont bien évolué depuis quelques années... Un fossé s'est creusé entre ceux qui participent au football spectacle de la télévision et ceux qui y trouvent de moins en moins leur place : les arbitres, les supporters, les amateurs... Comme l'économie libérale a engendré une « fracture sociale », le football libéral a posé les bases d'une « fracture sportive ».

Mais ce dossier veut aussi rappeler que le football, c'est aussi autre chose que ces droits d'exclusivité, ces transferts records et ces joueurs sans attaches. Comment parler du football sans évoquer les dribbles de Pelé, la main de Maradona ou le but de Sylvain Wiltord à la 93e minute de France-Italie (finale de l'Euro 2000). Ce beau jeu qui passionne les supporters de Nantes, ce courage qui caractérise ceux de Lens, la passion des Marseillais... Tout le monde a un avis sur le football. Y a-t-il beaucoup d'autres thèmes (à part les grands thèmes existentiels de la vie comme l'amour, la mort et la famille...) qui puissent en dire autant ? Comme le héros de la nouvelle de Claude Askolovitch, qui au dernier moment se dit « *Ça ne se fait pas* », chaque amateur de football a cette petite flamme à opposer aux sommes toujours plus astronomiques des acteurs du football. Aujourd'hui comme demain.

Chapitre 1

Droit européen, médiatisation, mondialisation : le big-bang d'une nouvelle planète football

Le football représente aujourd'hui une valeur économique sans précédent. Les investisseurs déboursent des milliards sur les fulgurances d'un Rivaldo ou les coups de patte d'un Zidane. À l'origine de cette révolution-inflation, l'arrêt Bosman, rendu en décembre 1995 par la Cour européenne de justice, par lequel les clubs appartenant aux pays membres de l'Union européenne peuvent recruter et faire jouer dans leur rang autant de ressortissants européens qu'ils le désirent.

La course aux millions était dès lors engagée dans un cadre géographiquement européen et économiquement libéral. À chaque nouvelle saison, les records sont battus. Les quotidiens font leur une sur les transferts et salaires toujours plus exorbitants des joueurs, dans une course dont on se demande quand et où elle s'arrêtera. Les Bleus, champions du monde et d'Europe, paradent dans de multiples clips publicitaires, ce qui arrondit encore leurs fins de mois déjà rondelettes. Pour tenter d'encadrer cette fuite en avant, la Fédération internationale de football association (FIFA) a adopté une réforme des transferts, entrée en vigueur en septembre 2001. Dans cette surenchère permanente, les joueurs ne sont qu'en bout de chaîne. En amont, les télévisions, promues depuis une vingtaine d'années principal bailleur de fonds de la planète foot. Depuis que le monopole des télévisions publiques a été abandonné, au début des années 1980, *« on est entré à la fois dans le marché et dans l'ère de la globalisation grâce à la télé »*, souligne l'économiste Jean-François Bourg, qui rappelle que *« l'audience cumulée d'une Coupe du monde s'élève à 40 milliards de téléspectateurs »*. La médiatisation d'un sport élargit énormément l'audience et fait augmenter le nombre de spectateurs. En France, le Championnat de France a drainé 11 000 spectateurs en moyenne pendant vingt ans, jusqu'à la fin des années 1980. Aujourd'hui, on en est à près de 23 000, et il n'y a jamais eu autant de foot à la télévision. Évidemment, cette audience intéresse les sponsors et les grands diffuseurs. Il y a automatiquement une surenchère, un bras de fer, une concurrence pour acquérir les droits de retransmission (TV, radio et, bientôt, presse écrite ?) des grandes compétitions footballistiques. *« Une inflation s'ensuit. Les droits sont surréactifs : on vend des espaces publicitaires très cher car il y a beaucoup d'audience »*, conclut Jean-François Bourg.

Quant à la vente des produits dérivés et au sponsoring, ils pèsent désormais beaucoup plus dans le budget des clubs que les recettes aux guichets. Reste à savoir si cette nouvelle planète foot, soumise à des cadences infernales (matches tous les trois jours) et coupable d'inquiétantes dérives (dopage, corruption, argent-roi), tourne aussi rond que son ballon et ne risque pas d'imploser. Car, pour reprendre l'expression chère aux spécialistes de la Bourse, les arbres ne montent pas jusqu'au ciel...

1- L'Europe affole le monde du football

L'onde de choc de l'arrêt Bosman

Jean-Marc Bosman. Connu de tous dans le milieu du football. Pourtant, il n'a pas particulièrement brillé sur les terrains. Mais à ce nom est associé immédiatement le mot « arrêt ». Non, Bosman n'était pas gardien de but. C'est plutôt dans les prétoires que ce joueur belge s'est illustré. À force d'obstination, il a bouleversé la donne du football européen. Rappel des faits : pendant longtemps, les fédérations n'ont autorisé que les ressortissants de leur propre pays à participer à leur championnat respectif. Puis, au fur et à mesure que l'Europe se construisait, on a ouvert les frontières et accepté un, puis deux, puis trois joueurs étrangers par club. L'arrêt Bosman, rendu le 15 décembre 1995 par la Cour de justice européenne, supprime tout protectionnisme. Un club peut aligner onze joueurs de l'Union européenne... et aucun de son propre pays !

Deux ans après l'instauration de l'Union européenne, qui prônait la libre circulation des travailleurs au sein de la Communauté, cette spécificité sportive, où le nombre de salariés européens était limité dans une équipe européenne, était jugée contraire au droit communautaire européen.

Une décision de justice, et c'est tout le foot qui vacille. Pour Jean-François Bourg, cet arrêt signe *« une montée en puissance des clubs et des compétitions où ils s'affrontent entre eux. L'arrêt Bosman unifie et fluidifie le marché du travail à l'échelle européenne puisqu'il supprime les clauses de nationalité.*

« Une décision de justice, et c'est tout le foot qui vacille. »

Toutes les entraves à la libre mobilité des joueurs sont supprimées. Avec les conséquences que cela induit : inflation des salaires, transactions qui portent sur des sommes de plus en plus considérables. »

L'économiste, monsieur Udry rappelle que *« sur ce marché vont agir, avec un pouvoir oligopolistique, les clubs les plus riches : Manchester, AC Milan, Inter Milan, Juventus Turin, Real Madrid, Bayern Munich... Ces derniers peuvent développer une politique de gestion (salaires, contrats divers), sur cinq à huit ans, du segment des joueurs les plus rentables. C'est-à-dire ceux qui, par leur productivité sportive, attirent sponsors et spectateurs-supporters. Ceux qui assurent la possibilité à leur club de se placer dans les tournois européens. Ceux qui sont aptes à être vendus en dégageant une plus-value maximale »*. L'arrêt Bosman engendre des cas de figure assez extravagants : le club londonien du quartier chic de Chelsea a, lors d'une journée de Premier League en Angleterre, aligné une équipe où pas un seul Anglais ne figurait sur la pelouse !"

Pour donner un coup de peigne à cet ultralibéralisme ébouriffé, la FIFA et l'UEFA projettent de réintroduire des quotas de nationalités dans leurs règlements en imposant à chaque équipe un minimum de six joueurs nationaux sur la pelouse (règle dite du 6 + 5). Jean-Louis Dupont, l'avocat de Jean-Marc Bosman, explique dans *Le Monde* du 17 mars 2000 qu'il s'agirait d'une « *violation de l'arrêt Bosman. Mais il n'est théoriquement pas impossible que la Cour de justice européenne, si elle était ressaisie de ce problème, considère qu'un tel système de quotas soit indispensable au maintien de la structure actuelle du sport en Europe, à savoir une structure fondamentalement et volontairement nationale.* » Michel Platini,conseiller spécial du président de la FIFA, le Suisse Joseph Blatter, est favorable à l'introduction d'une exception sportive dans le traité de Rome. Tout en s'opposant au *« capitalisme dur »*, il est conscient qu'il s'agit d'une question plus politique que juridique. *« Tout le débat est de savoir si l'on peut assimiler le sport à la culture,* explique-t-il dans *Le Monde* du 19 avril 2000. *En France, les chaînes de radio et de télévision ont l'obligation de réaliser un certain pourcentage de production française. Il faudrait que le football soit soumis aux mêmes exigences.* » Luis Fernandez, actuel entraîneur du Paris Saint-Germain et ex-entraîneur de l'Athletic Bilbao, s'aligne sur cette position. *« J'ai toujours été partisan d'une limitation du nombre de joueurs étrangers »*, affirme-t-il dans

Le Monde du 10 mai 2000, même s'il reconnaît que « *les joueurs étrangers ont permis de bonifier le niveau général du championnat espagnol* ». Jean-François Bourg (voir entretien) estime quant à lui « *qu'il n'y aura pas d'exception sportive comme il y a une exception culturelle dans le droit communautaire, car il faudrait l'unanimité des 15 pays membres* ».

Jean-Marc Bosman : « Pas de regrets »

L'histoire ne manque pas d'ironie. Jean-Marc Bosman, l'homme par qui tout est arrivé, est un sédentaire, un vrai, attaché à son pays et à sa ville : Liège. Bosman vit toujours dans cette ville belge. Une ville où tout commence. Le petit Jean-Marc joue au ballon à l'ombre du stade du Standard, le grand club local. Dès qu'il a l'âge, il signe sa première licence et gravit une à une les étapes qui le mèneront à l'équipe jeunes puis, bientôt, à l'équipe première. À l'été 1998, Bosman signe un contrat de deux ans avec l'autre club local, le FC Liège. Tout va bien jusqu'en avril 1990. Trois mois avant la fin de son contrat, le joueur se voit proposer un nouveau contrat qu'il refuse : le club lui propose un salaire mensuel de 5 000 F, soit quatre fois moins qu'auparavant. Bosman refuse, et demande à être transféré. Dunkerque (D2 française) se manifeste mais se rétracte bientôt devant l'importance de l'indemnité réclamée par le FC Liège : 2 millions de francs. Car, en Belgique comme dans la plupart des pays européens, excepté la France, l'Espagne et le Portugal, un joueur continue d'appartenir à son club même à l'issue de son contrat ! Du coup, faute de club recruteur, Bosman se retrouve sans contrat, sans salaire, mais ne peut trouver de club capable de verser une telle indemnité au club belge. « *Ma carrière s'est terminée à 26 ans* », répète-t-il constamment. Au chômage, il décide alors d'attaquer son club en août 1990. Le début d'une longue procédure qui se terminera en 1995 devant la Cour de justice européenne qui publiera le célèbre « arrêt Bosman ». Il nous a paru intéressant de retrouver Jean-Marc Bosman. Voici le regard d'un homme blessé.

Jean-Marc, d'abord que devenez-vous ?

« Depuis l'époque j'ai arrêté le football. Je ne fais pas d'activité professionnelle particulière mais je récupère de ces années difficiles. Je vais bien au stade une ou deux fois par an et je suis les matches à la télévision, mais le football professionnel, c'est fini.

Quel regard portez-vous sur cette période de votre vie ?

Il y a eu des années délicates. Après la fin de mon contrat avec le FC Liège, j'ai cherché un employeur.

Mon avocat a obtenu plusieurs contacts, mais, à chaque fois que je me rendais sur place, la porte se refermait. Les clubs voulaient m'imposer leurs conditions, sachant que j'étais à la recherche d'un club. Premier joueur libre, j'ai été victime de ma liberté.

Pendant plusieurs mois, il a fallu que je m'entraîne seul, qu'il pleuve, qu'il vente. Puis Saint-Quentin (D2 française), dont le président qui était avocat comprenait sans doute mieux ma démarche, m'a fait confiance pendant quelques mois. Je suis ensuite allé sur l'île de La Réunion puis quelque temps à Charleroi (D3 belge) avant de mettre fin à ma carrière professionnelle. C'était vraiment devenu trop difficile.

Mais de cette période, j'essaie de garder les bons souvenirs où ma démarche m'a permis de voyager, de rencontrer les médias, et aussi quelques grands joueurs comme Éric Cantona, Diego Maradona ou Laurent Blanc.

L'arrêt a été rendu en décembre 1995, depuis les salaires explosent. Avez-vous eu des retours de la part des joueurs ?

Non, c'est ce qui me navre. Certains joueurs, comme le gardien de but belge Michel Prudhomme, m'ont toujours témoigné une certaine sympathie, mais je n'ai jamais eu de quelconque reconnaissance de la part des joueurs. Moi, demain, je gagne 100 millons de francs grâce à l'arrêt Bosman, je fais un petit geste. Cela me paraît normal. Le problème, c'est qu'aujourd'hui les jeunes joueurs qui gagnent cinq fois plus que leurs aînés croient que c'est parce qu'ils sont cinq fois meilleurs. Ce n'est pas vrai. Ils n'ont pas conscience du bouleversement qu'a entraîné cet arrêt.

Qu'on ne se méprenne pas, je suis très content que les joueurs puissent gagner beaucoup d'argent. Financièrement, j'ai été dédommagé par la justice belge en 1998 (2,6 millions de francs), je vis comme tout le monde. Mais beaucoup moins bien que si j'avais pu mener ma carrière jusqu'au bout.

Vous resterez connu comme le footballeur de l'arrêt Bosman et pas comme un joueur ayant brillé sous les couleurs de la Belgique, qu'est-ce que cela vous inspire ?

J'ai été vingt-quatre fois international belge juniors, j'ai joué cinq matches de Coupe d'Europe avec le Standard de Liège dont un quart de finale, je pense que j'ai une carrière intéressante. Mais la décision du FC Liège m'avait condamné, je devais faire quelque chose.

Aujourd'hui, conseilleriez-vous encore à des jeunes de se lancer dans le football ?

Le football tourne comme la société. On ne peut plus parler de sport. C'est un business, une activité économique, rien d'autre, où tout le monde essaie de tirer son parti : joueurs, entraîneurs, agents, clubs... Quand j'entends un joueur dire qu'il joue pour le maillot, le club etc, je souris. Quelques mois plus tard, il est ailleurs.

Maintenant, il est difficile pour un jeune joueur doué, de refuser un tel métier. À 20 ans, il peut gagner autant que nous en fin de carrière à 30/35 ans. L'avantage d'un jeune avec la liberté donnée par l'arrêt Bosman, c'est qu'il peut mener un vrai plan de carrière. Il peut choisir de rester dans un club formateur puis de gravir les échelons un à un. Le danger, c'est de privilégier l'aspect financier et de tout de suite se précipiter dans un grand club, trop haut, où il se cassera. »

Une deuxième secousse : la réforme des transferts

Avec l'arrêt Bosman, la Cour de justice européenne a changé l'Europe du football. Une autre institution, la Commission européenne siégeant à Bruxelles, a jeté les bases d'une nouvelle ère. Au mois d'août 2000, après le transfert record du Portugais Luis Figo du FC Barcelone au Real Madrid, elle affirme sa volonté de mettre un terme au système d'indemnités de transfert des joueurs. Pour la Commission, les transferts sont une entrave aux principes de libre concurrence et de libre circulation des travailleurs au sein de l'Union européenne. L'objectif est donc pour elle de *« libéraliser les allées et venues des joueurs entre les clubs,* explique *Le Monde* du 29 août 2000. *La Commission veut appliquer le droit national du travail en matière de rupture de contrat. En France, lorsqu'un employé veut mettre fin à son contrat à durée déterminée, il doit rembourser à son employeur le salaire qu'il lui reste à toucher jusqu'à la fin de son CDD. Il en sera de même pour les footballeurs, annonce la Commission* ».

Cette déclaration de la Commission européenne a mis un coup de pied dans la fourmilière, contraignant la FIFA à lancer une vaste réforme pour éviter un grand chamboulement : des joueurs qui pourraient changer de maillot plusieurs fois par saison ; des grands clubs qui, n'ayant plus la possibilité de négocier entre eux, se lanceraient dans une inflation salariale afin d'attirer les meilleurs footballeurs ; des petits clubs qui, de leur côté, n'auraient plus la possibilité de réaliser une plus-value sur les joueurs détectés et formés par leurs soins, ce qui constitue une source de revenus non négligeable.

En mars 2001 à Bruxelles, la Commission européenne se met d'accord avec les instances sportives

– FIFA et UEFA – sur la mise en place d'un nouveau système de régulation des transferts internationaux de joueurs qui sera entériné pendant l'été suivant.

Ce nouveau règlement, entré en vigueur le 1er septembre 2001, comprend deux mesures phare : 1) les joueurs bénéficiaires de longs contrats devront respecter une période de deux (joueurs de plus de 28 ans) à trois ans (joueurs de moins de 28 ans) sous le même maillot, avant de pouvoir casser unilatéralement un contrat. Dans le cas contraire, des sanctions sportives (quatre mois de suspension) et financières seront appliquées ; 2) chaque transfert concernant un joueur de moins de 23 ans comprendra une part versée au club formateur.

Par ailleurs, le marché hivernal des transferts (mercato) va être harmonisé au niveau européen.

Salaires, transferts, chiffre d'affaires : toujours plus haut

Les salaires

Le 2 mai 2001, *France-Football* a publié « les salaires des stars ». Des salaires qui ont subi une inflation depuis l'arrêt Bosman et qui risquent donc, avec la réforme des transferts, de crever de nouveaux plafonds. Zinedine Zidane, alors meneur de jeu de la Juventus Turin, arrive en tête de ce classement réalisé pour la troisième année consécutive par le bihebdomadaire. Le revenu annuel du numéro 10 de l'équipe de France est estimé à 12,348 millions d'euros (81 millions de francs), salaire, primes et revenus annexes (essentiellement publicitaires) confondus. Plus dela moitié de cette somme provient de la publicité : 6,860 millions d'euros (45 millions de francs), entre Adidas, *Canal* Satellite, Volvic et Ford. Les deux coups de tête victorieux de Zizou contre le Brésil en finale du Mondial n'ont pas fait que donner un titre prestigieux à la sélection nationale. Ils ont aussi assuré à son auteur de juteux contrats publicitaires, confortés par le triomphe des Tricolores à l'Euro 2000. À titre comparatif, Just Fontaine gagnait, après ses 13 buts à la Coupe du monde 1958, 100 000 anciens francs (1 000 F) par mois !

En deuxième position, on trouve l'attaquant argentin de l'AS Rome Gabriel Batistuta, avec 9,147 millions d'euros (60 millions de francs). Suivi de l'attaquant brésilien de l'Inter Milan Ronaldo, avec 7,882 millions d'euros (51,7 millions de francs). À noter que le podium de ces estimations est occupé par trois joueurs évoluant dans le Calcio (le Championnat d'Italie). Le seul joueur du Championnat de France figurait à la dernière place de ce classement (20e), avec 3, 659 millions d'euros (24 millions de francs) empochés en 12 mois. Il s'agissait de l'attaquant Nicolas Anelka, alors

« Les joueurs sont-ils coupables de gagner trop ? »

au Paris Saint-Germain, vainqueur avec le Real Madrid de la Ligue des champions en mai 2000, et avec l'équipe de France du championnat d'Europe des nations en juillet 2000.

Les joueurs sont-ils coupables de gagner trop ? Pour Jean-François Bourg, rien n'est moins sûr. « *Je ne pense pas qu'il y ait de limites pour le haut niveau. Les footballeurs sont des artistes qui vendent une image. Les stars sont en position de force pour négocier car elles ont un quasi-monopole de leur talent. Si Zidane signe au Real Madrid, cela signifie des milliers d'abonnements supplémentaires, une réévaluation des contrats de sponsoring, plus de connectés au pay per view (chaîne de télévision à péage). Pour cette raison, la star n'est pas vraiment chère par rapport à tout ce qu'elle apporte. Quand le président du Real trouve que Figo à 400 millions, c'est une bonne affaire, je le crois : l'image de ces joueurs rapporte des sommes fabuleuses.* »

Louis Nicollin, président du club de Montpellier, qui s'interdit dorénavant de « péter les plombs » comme il avait pu le faire au début des années 1990 en recrutant à prix d'or des stars comme les espoirs français Éric Cantona et Stéphane Paille ou les Sud-Américains Carlos Valderrama et Julio Cesar, lâche dans un soupir : « *Mais tous ces millions, c'est nous qui les leur donnons ! Ils seraient bien bêtes de ne pas les prendre ! Si l'argent régit tout, ce n'est pas parce que les joueurs ont mis un revolver sur la tempe des présidents pour avoir tel ou tel salaire. C'est notre faute.* »

L'été 2001 a été marqué par le transfert le plus élevé de l'histoire avec la signature au Real Madrid de Zinedine Zidane qui a rejoint dans la capitale espagnole le Portugais Luis Figo, l'Espagnol Raul et le Brésilien Roberto Carlos, quatre joueurs qui émargent à 305 000 euros (2 millions de francs) de salaire mensuel... 75 millions d'euros (500 millions de francs) pour Zidane après les 61 millions d'euros (405 millions de francs) pour Figo, chaque année le « record » s'améliore.

Il y a des années-lumière, les Brésiliens Ronaldo et Denilson ont été achetés respectivement par l'Inter de Milan 28,203 millions d'euros (185 millions de francs) et par le Betis Séville 32,015 millions d'euros (210 millions de francs). Ils n'auront donc défrayé qu'un temps la chronique. Tout va très vite... Le sport business est ultraréactif et ultraconcurrentiel.

Les chiffres d'affaires

Classement 2000 des dix clubs les plus riches (chiffres d'affaires exprimés en millions d'euros)

1 Manchester United	Angleterre	188,7
2 Real Madrid	Espagne	167,2
3 Bayern Munich	Allemagne	147,8
4 AC Milan	Italie	144,7
5 Juventus Turin	Italie	142,6
6 Lazio de Rome	Italie	128,1
7 Chelsea	Angleterre	123,7
8 FC Barcelone	Espagne	121,3
9 Inter Milan	Italie	111,1
10 AS Rome	Italie	103,4

Premiers clubs français : Olympique Marseille (16e avec 80,5 millions d'euros de CA) et les Girondins de Bordeaux (21e avec 67,6 millions d'euros de CA).
Chiffres publiés en novembre 2000 par le cabinet Deloitte et Touche.

2- L'influence croissante de la télévision

Football médiatisé, argent multiplié

Mais d'où vient donc cet argent ? Jusqu'aux années 1970, les rentrées d'argent dans le budget des clubs provenaient essentiellement des recettes aux guichets (environ 80 %) et des subventions des collectivités locales (municipalité, conseil général, conseil régional). Jean-Yves Reuzeau, dans *L'évolution du football* (dans *L'Almanach du football*), note que, depuis cette période, « *les ressources du football se sont diversifiées et multipliées. Le sponsoring, la publicité, la location de loges à des entreprises, la vente de gadgets et produits dérivés à l'effigie des clubs, et surtout l'explosion de la télévision au niveau mondial (grâce à un audimat exceptionnel) décuplent soudain les revenus* ». Dans le même temps, les recettes aux guichets ne représentent plus en moyenne que 20 % dans le budget des clubs. Louis Nicollin affirme faire tourner la boutique grâce au sponsoring et aux droits de retransmission télévisuels. « *Nous n'avons plus de subvention ni de la mairie ni des conseils généraux et régionaux. Les recettes aux guichets ne représentent qu'une part infime du budget.* » Même constat pour Jean-Pierre Hureau, l'ancien président du Havre AC, doyen des clubs français : « *Pour notre dernière saison en D1, en 1999-2000, sur un budget de 24,391 2 millions d'euros (160 millions de francs), les recettes aux guichets n'ont représenté que 10 millions de francs, soit 6 %. Alors que la télévision nous rapportait 10,214 millions d'euros (67 millions de francs), soit 42 %.* » Sept fois plus... Les droits télévisuels représentent en France l'essentiel des ressources du foot. Pour la période 2001-2004, ils représentent 1,23 milliard d'euros (8,1 milliards de francs) et ont déjà été partiellement payés à la Ligue nationale par les chaînes. Cette manne, pour importante qu'elle soit devenue, est inférieure pratiquement de moitié à ce qui se pratique en Italie, Espagne, Angleterre ou Allemagne. Richard Dorfman, vice-président du groupe anglais Prisma Sports, a indiqué pendant le salon Foot-Expo à Cannes, en janvier 2002, que « *les droits de télévision ont augmenté de 993 % entre 1991 et 2001* » en Europe.

«« Le football est devenu, c'est bien simple, l'activité la plus médiatisée du monde , explique Jean-Yves Reuzeau.»»

Pourquoi cet investissement des télévisions dans les hautes sphères en cuir ? « *Le football est devenu, c'est bien simple, l'activité la plus médiatisée du monde* », explique Jean-Yves Reuzeau. Les trois milliards de téléspectateurs qui ont assisté à la finale de la Coupe du monde 1998 France-Brésil en sont la preuve. « *Le sport à la télévision représentait en 2000 7 % du contenu des programmes et les retransmissions de football correspondent à 58 % des meilleures audiences sportives* », a révélé Jacques Braun, directeur international de l'institut de sondages Médiamétrie, lors de Foot-Expo en janvier 2002. « *Pas étonnant, dès lors, que les plus grandes entreprises se montrent attirées par ce phénomène*, conclut Jean-Yves Reuzeau. *Car le football est devenu un marché à la surface commerciale gigantesque. Les retransmissions télévisées, souvent internationales, permettent à des marques commerciales d'atteindre immé-diatement des millions de consommateurs-spectateurs. Les chaînes télévisées ne cherchent donc plus à vendre un spectacle, mais avant tout des espaces publicitaires situés avant et après le match, le summum étant évidemment atteint durant le quart d'heure de la mi-temps.* »

La télé impose sa loi

Pour s'enrichir, la télé met tout en œuvre pour modeler le monde du football. Le comble de l'aberration avait été atteint lors de la Coupe du monde au Mexique en juin 1986. Pour que les matches soient diffusés en Europe à 20 heures, l'horaire des rencontres avait été fixé au Mexique à... midi ! C'était presque devenu une séance de torture pour les Danois, balayés 5-1 face à l'Espagne, de devoir jouer en plein soleil, par 35°C à l'ombre, à l'heure où l'autochtone fait la sieste en sirotant une citronnade. Mais qu'importe, la télévision tient les rênes de l'arène. C'est elle qui paye, c'est donc elle qui décide. Les joueurs n'ont qu'à aimer le soleil. Les supporters n'ont qu'à s'asseoir, et chanter avec le speaker. Dans le stade d'Old Trafford à Manchester, il y a même interdiction de se lever et de faire la *ola*, pour ne pas brusquer les VIP invités par les sponsors. « *Les gens râlent,* remarque Jean-François Bourg, *sans parler du prix des places, devenu exorbitant pour un match de Ligue des champions. Le public se fait moins populaire. Tout cela ne va pas dans le bon sens.* » Les responsables des clubs et des fédérations se penchent « *sur la qualité de l'accueil, en généralisant les places assises, en créant des boutiques, en sécurisant l'enceinte des stades par la mise en place de contrôles vidéo performants* ».

En obligeant les supporters à s'asseoir, en augmentant le tarif des abonnements, en filmant les tribunes, on transforme des *kops* en liesse en public quadragénaire familial. L'écrivain anglais Nick Hornby, dans son excellent livre *Carton jaune*, brocarde cette évolution. Fan d'Arsenal, il s'émeut de voir les ouvriers braillards supplantés peu à peu par une classe moyenne mollassonne, mais plus télégénique. Le lien nourricier qui existait entre le club et ses supporters s'effiloche donc à mesure qu'apparaissent d'autres formes de financement, plus fructueuses. Canal+, en décalant à chaque journée de Championnat au minimum deux matches, prêche pour sa paroisse d'abonnés. Nul ne saurait lui en faire le grief. « *Le football est devenu un business, ceux qui veulent faire du business sont servis, ils se régalent, tant mieux pour eux* », commente laconiquement Louis Nicollin. Mais le charme du match du samedi soir, qui est aussi une sortie pour bon nombre de supporters (le sociologue Patrick Mignon parle d'une « *société du samedi* »), est rompu. Sans compter que le principe d'équité sportive (selon lequel tous les matches se jouent en même temps) est bafoué, à l'exception des deux dernières journées de Championnat, où toutes les rencontres se déroulent le samedi soir. Entre les matches décalés du Championnat de première division, *Jour de foot*, L'Équipe du dimanche, les soirées européennes, la Division 2 dans *D2 Max* et le Championnat anglais le lundi soir, vous pouvez regarder un match quasiment tous les soirs de la semaine... « *Tout contribue à rendre quasi permanente l'exposition commerciale du football* », affirme Jean-Yves Reuzeau. La « surfootballisation » donne des vertiges à Jean-François Bourg : « *Cette surmédiatisation, c'est n'importe quoi. Je suis un grand amateur de desserts, si je me mets à manger quatre desserts par jour, il arrive un moment où je me mets à en manger moins.* » Même métaphore culinaire chez Jean-Marc Gonin (*France-Soir*, 29 septembre 1999) : « *On a beau adorer les spaghettis, il est difficile de s'en régaler à chaque repas. C'est pareil pour le foot à la télé : quand les chaînes en proposent tous les soirs de la semaine, on frôle l'indigestion. Invité chaque jour sur une pelouse, le téléspectateur, même accro, commence à se sentir ballonné.* »

Trop de foot à la télé tuerait-il le foot ? Jean-François Bourg ne le pense pas. Pour lui, « *les matches à la télé et ceux auxquels on assiste au stade sont deux spectacles différents. Ils ne sont pas en concurrence, ne sont pas substituables, et ne remplissent pas les mêmes fonctions. Un amoureux du foot est comme un cinéphile : il ne supporte pas de voir son violon d'Ingres tronçonné à la télévision. Le véritable supporter trouve autre chose dans un stade, loin du prisme des caméras* ». Dans un sondage *Louis Harris-France Football* (février 2002), 49% des personnes intérrogées estiment qu'il y a trop de football à la télévision, contre 41% lors du précédent sondage en 1995.

Le prisme déformant de la retransmission télévisuelle

La télévision ne se contente pas d'intervenir sur le déroulement des compétitions. Elle a également des effets, plus pernicieux, sur la perception même du jeu. C'est ce que montre le connaisseur du football et spécialiste de l'image qu'est Jacques Blociszewski, responsable de documentation et de recherche sur les nouvelles technologies. Dans *Les Dossiers de l'audiovisuel* (janvier-février 1998), il stigmatise les dérives des retransmissions télévisées. Pour lui, dans la façon même de filmer un match, la réalité du feu est sacrifiée au profit du spectacle. « *La recherche systématique du spectaculaire par la télévision entraîne une série d'effets pervers : dans les sports d'équipe, l'abus des gros plans fausse la vision des matches* », explique-t-il. Jacques Blociszewski regrette que cette « *version fragmentée et déformée permette de moins en moins une véritable compréhension du jeu et des mouvements collectifs* ».

Il est évident que le réalisateur demande à ses techniciens de suivre le ballon, quitte à omettre la totalité de l'action. L'ensemble de la pelouse ne peut, par conséquent, être balayé, ce qui prive le téléspectateur d'une vision globale du spectacle : *« Or, on connaît l'importance du jeu sans ballon et du démarquage en football. »* Il suffit d'avoir assisté une fois à un match depuis une tribune présidentielle (en hauteur, latérale, au niveau du milieu de terrain) pour comprendre l'importance des appels de balle des attaquants, la respiration du jeu sur les ailes et le positionnement stratégique des lignes défensives. Jacques Blociszewski juge également néfaste le *« recours massif au ralenti »*. En effet, un tacle peut paraître irrégulier lorsqu'il est diffusé au ralenti, et tout à fait régulier à vitesse réelle. Par ailleurs, *« le ralenti masque souvent d'autres actions, qui se poursuivent pendant ce temps sur le terrain [...]. Nous ne voyons désormais plus un match dans son intégralité et dans sa continuité, deux éléments qui sont pourtant très importants dans la retransmission d'un événement en direct. Il arrive même que l'on rate un but ! De plus, ces arrêts fréquents hachent les rencontres. »* Un beau but est diffusé une dizaine de fois, sous tous les angles que permet le dispositif de caméras autour du stade. Ce gavage de la rétine ne renforce pas le regard, il l'émousse, en nous déshabituant à voir du premier coup d'œil et en nous instillant une fausse sécurité : celle de pouvoir toujours tout revoir.

« Jusqu'où le sport peut-il être ainsi réduit à un rôle de simple support publicitaire ? »

D'autres pollueurs visuels détournent, selon Jacques Blociszewski, le téléspectateur du jeu à proprement parler : *« Les recours aux statistiques obtenues par informatique et affichées à l'écran. Personne n'a vraiment le temps de les intégrer, et elles n'apportent pas grand-chose [...]. La publicité est omniprésente. Les logos affichés en permanence à l'écran et le sponsoring intensif donnent clairement l'impression que le sport est totalement au service d'intérêts commerciaux et de la télévision elle-même. Avec les publicités virtuelles, les limites de l'acceptable ont déjà été franchies. [...] Jusqu'où le sport peut-il être ainsi réduit à un rôle de simple support publicitaire ? »*

3- Un espace bouleversé

L'Europe et la télévision sont les deux catalyseurs d'une mondialisation qui ne fait pas forcément l'affaire de la planète football.

Des clubs-entreprises cotés en Bourse

La structure du capital induit une logique financière. Il y a vingt ans, les clubs étaient des associations sportives loi 1901, à but non lucratif. Progressivement, ils adoptent le statut de SASP (société anonyme sportive professionnelle), ce qui signifie que, désormais, le but ne sera que lucratif...

Manchester, club le plus riche du monde, est l'entreprise capitaliste qui, dans le domaine du sport, intéresse le plus Jean-François Bourg : « *L'objectif des dirigeants est de faire plaisir avant tout aux actionnaires. Leur logique est une logique d'entreprise. Ils n'ont jamais fait jusqu'à présent de folies pour recruter Rivaldo ou Zidane parce que ça aurait fait dégonfler les dividendes distribués aux actionnaires. Il n'y a pas que l'équipe qui est cotée en Bourse, mais aussi la restauration, les boutiques dans le monde entier... Les dirigeants ont mis le club à l'abri des fluctuations boursières par rapport aux résultats sportifs.* » La Lazio de Rome est dans une logique différente, beaucoup plus tape-à-l'œil. Son président, Sergio Cragnotti, alors qu'il venait de débourser 57 millions d'euros pour acquérir l'Argentin Hernan Crespo, déclarait dans le quotidien italien *La Republica* en juillet 2000 : « *Le football est l'affaire la plus globale du monde, à l'époque de la globalisation et du triomphe des loisirs. Je suis le premier à avoir amené le football sur le marché boursier car mon métier est celui d'évaluer à leur juste valeur les choses.* » Chaque année, la Lazio s'offre des stars à prix d'or. Avec des résultats mitigés : championne d'Italie 2000, mais éliminée dès le premier tour de la Ligue des champions les deux saisons suivantes. « *Les marchés financiers n'aiment pas du tout ce genre de gestion,* estime Jean-François Bourg, *parce qu'investir sur un joueur est par essence imprévisible, aléatoire, risqué. Les marchés financiers préfèrent les investissements structurels : construction de loges, désendettement du club, agrandissement du stade, développement des produits dérivés, contrats longue durée avec des chaînes de télévision, des sponsors.* »

Les clubs ont une finalité de plus en plus commerciale et de moins en moins sportive. Concrètement, il s'agit de mobiliser les supporters autrement que par l'achat d'un billet : soit en devenant actionnaires du club, soit en leur faisant acheter le maillot officiel le plus souvent possible (à Manchester, l'équipementier le fait changer deux fois par an). Quant au recrutement et au salaire des joueurs, ils sortent parfois des considérations purement footballistiques. On entre alors dans une conception cynique du sport soulignée par le sociologue Jean-Marie Brohm, pour qui « *le football appartient à un système hyperproductiviste. Les joueurs sont instrumentalisés comme machines à faire du fric* ». Pendant longtemps, fait remarquer Jean-François Bourg, « *Ginola a été le footballeur français le mieux payé, alors que ce n'était pas le meilleur ni le plus titré. En tennis, Anna Kournikova a été la mieux payée en 2000, alors qu'elle n'a rien gagné* ». Jean-François Bourg cite en exemple le footballeur japonais de l'AS Rome Nakata : « *Il fait l'objet de convoitises de nombreux clubs qui ont fait des études de marché. Quand le magnat australien des médias Murdoch voulait faire l'OPA sur Manchester, il ne voulait pas de Zidane ou de Rivaldo, qui auraient apporté un plus sur le plan sportif, mais auraient diminué les profits et les dividendes distribués aux actionnaires, du fait de leur prix. Il voulait Nakata qui, sur le plan sportif, n'aurait rien apporté à Manchester. Mais il permettait à Star TV, le réseau de Murdoch en Asie, de vendre des images de Manchester et des produits dérivés. Les tour-opérateurs auraient vendu des séjours en Angleterre pour visiter le stade d'Old Trafford. L'affaire ne s'est pas conclue, mais la logique financière prévaut sur la logique sportive. Monaco a fait la même étude de marché parce qu'il pouvait attirer les touristes et les sponsors japonais.* » Le quotidien *L'Équipe* du 18 juin 2001 va dans le même sens : « *L'entraîneur du Paris Saint-Germain Luis Fernandez semble beaucoup apprécier l'international japonais Nakata. Mais Robert, Okocha ou Benarbia n'étant pas encore partis, sa venue n'est pas considérée, pour l'heure, comme prioritaire. Dans les secteurs commerciaux Paris Saint-Germain, qui cherche à développer sa notoriété sur le marché asiatique, elle l'est davantage...* »

Jean-François Bourg souligne que « *depuis deux ou trois ans, Chelsea fait entrer dans ses critères de recrutement le charisme des joueurs pour féminiser l'audience, au stade ou devant la télévision* ».

Résultat de leur surmédiatisation, « *les stars du foot sortent de l'univers du foot. Elles vont au Festival de Cannes (Youri Djorkaeff en 2001), sortent avec des tops-models (Fabien Barthez avec Linda Evangelista, Christian Karembeu avec Adriana). Le président de Barcelone dit qu'il est important, au-delà du talent sportif, de recruter des joueurs qui ont une capacité à augmenter les parts de marché de l'audiovisuel. C'est la raison pour laquelle les joueurs débordent du terrain de foot et qu'on les envoie partout, qu'on les voit partout. Justement parce qu'ils ont un intérêt à être dans un autre secteur que le foot. Cela permet d'attirer un public qui n'est pas un public sportif».*

La cotation en Bourse des clubs de football creuse l'écart entre les clubs riches, ceux qui peuvent accéder à la Bourse, et ceux qui ne peuvent pas. Ceux qui sont sur les marchés financiers peuvent lever des capitaux, et construire des stades, des loges, recruter des joueurs... Entre les deux ou trois principaux clubs de chaque pays, et les autres, englués dans des luttes nationales, le fossé est encore plus grand. En France, le gouvernement s'est opposé à l'introduction en Bourse des clubs, provoquant la fureur de Jean-Michel Aulas, le président de l'Olympique lyonnais, qui a porté plainte.

Avec l'arrêt Bosman, la segmentation du marché s'amplifie. Le « marché supérieur » n'est accessible qu'à une trentaine de grands clubs européens. Ceux-là dominent toutes les compétitions européennes et leurs championnats nationaux. L'arrêt Bosman a eu un effet amplificateur regrettable, parce qu'il déséquilibre les potentiels des clubs. Après l'arrêt Bosman, tous les transferts deviennent possibles sur une Europe-Monopoly. Le philosophe Alain Finkielkraut, féru de ballon rond, brosse un portrait au vitriol du phénomène dans *Libération* du 17 juillet 1999 : « *L'arrêt Bosman permet aux clubs, au nom des libertés fondamentales, d'acheter autant de joueurs européens qu'ils le souhaitent. Le résultat est cataclysmique puisqu'il creuse de manière irrémédiable le fossé entre riches et pauvres. C'est ainsi que l'équipe de Barcelone est aux deux tiers hollandaise. Les supporters ne s'y reconnaissent pas et le sport lui-même perd beaucoup de sa glorieuse incertitude [...]. Les supporters ne s'y reconnaissent pas et le sport lui-même perd beaucoup de sa glorieuse incertitude. On entre dans un univers de démesure qui me fait assez peur.* » Ce déséquilibre grandissant ne fait-il pas complètement disparaître l'incertitude du sport ? Faute de mécanismes pour égaliser les potentiels, comme il en existe aux États-Unis, n'est-ce pas déjà ce qui se passe à l'échelle européenne ?

«« Les supporters ne s'y reconnaissent pas et le sport lui-même perd beaucoup de sa glorieuse incertitude. »»

Vers une ligue européenne fermée

L'actuelle Ligue des champions vit peut-être ses derniers moments.

La société italienne Mediapartners a, depuis plusieurs années, un projet de Superleague, qui consiste à faire s'affronter les clubs les plus riches dans un minichampionnat européen. Si une telle compétition voit le jour, *« on aura du souci à se faire »*, pour citer Jean-François Bourg, qui fixe l'échéance à *« environ cinq ans »*. Peut-être même commencera-t-on, comme le craint Michel Platini, *« à lire les résultats des matches dans les pages boursières »*. Dans un pareil cas de figure, des groupes privés, et notamment un réseau de chaînes de télévision, pourront créer de toutes pièces un format de compétition adapté à leurs contraintes. Peut-il y avoir un phénomène de rejet ? Certes, une frange du public, empreinte d'une certaine éthique, est intéressée uniquement par les émotions. Mais pour Jean-François Bourg, *« on est sur une pente de spectacle »*. La nouvelle formule de la Ligue des champions, inaugurée en septembre 1999, aujourd'hui entrée dans les mœurs, est symptomatique. Elle consistait à élargir la compétition de seize à trente-deux clubs, pour créer plus de matches, et donc générer plus d'argent... au mépris de la signification même de la formule initiale, puisque la Ligue des champions était censée regrouper, comme son nom l'indique, les clubs vainqueurs de leur championnat national respectif. Or, depuis deux ans, les pays riches de l'Europe du foot (Angleterre, Allemagne, France, Italie, Espagne) ont au moins trois clubs qualifiés pour la Ligue des champions. *« Il y a dix ans, les puristes auraient trouvé cette formule scandaleuse. Ce n'est plus un système de coupe avec des éliminations, mais des minichampionnats pour garantir que les grands clubs ne soient pas éliminés au premier tour et qu'ils aient un certain nombre de recettes. Pallier par pallier, on s'habitue, le format de compétition change et va continuer de changer. Et de toutes les façons, si la Commission ne donne pas son feu vert à Mediapartners, ils peuvent toujours engager une action devant la Cour de justice européenne. »* Comme l'avait fait un certain Bosman...

Face au désintérêt croissant des spectateurs pour la Ligue des champions, l'UEFA a été tentée de revenir à un système éliminatoire. Mais, sous la pression des clubs riches qui eux y trouvent leur compte, cette révision a été repoussée à 2003.

Louis Nicollin, lui, s'impatiente. *« Vivement que les clubs riches fassent sécession et créent leur propre franchise. Plus de montée ni de descente. Ils feront leur spectacle, les Italiens, les Espagnols, les* Anglais... *et puis, il y aura bien trois clubs cons français pour y aller ! »*

Les mercenaires de l'équipe de France

Même si le football est un vecteur de nationalisme, voire de chauvinisme, soyons honnêtes : toute cette démesure dont parle Finkielkraut, tout ce déséquilibre décrié par Jean-François Bourg, ont servi les joueurs de l'équipe de France. Des joueurs qui sont allés chercher dans les clubs italiens, espagnols, anglais ou allemands le professionnalisme, la « culture de la gagne » et la compétitivité qui ont contribué au doublé historique Coupe du monde 1998-Championnat d'Europe des nations 2000.

Tous l'ont affirmé : partir à l'étranger leur a permis de faire fructifier l'excellente formation qu'ils avaient reçue en France. Même s'il n'a jamais évolué sous le maillot tricolore, le jeune joueur Stéphane Dalmat a goûté aux bienfaits de la concurrence accrue. Lui qui avait déçu lors de la première moitié de saison 2000-2001 au Paris Saint-Germain, s'est refait une santé à partir du début 2001 à l'Inter Milan. Ses explications, données en février 2001, valent un long discours : *« À Paris, je me suis endormi. Tandis qu'à Milan, je dois travailler. Il y a beaucoup de grands joueurs, il faut que je m'arrache tous les jours, que je démontre mes qualités, chose que je ne faisais plus à Paris où j'étais sûr de jouer le week-end d'après. »*

À titre de comparaison, lors de la Coupe du monde 1986 au Mexique, où la France avait battu l'Italie et le Brésil, tous les Bleus foulaient les pelouses du Championnat français. Tous, sauf un : Michel Platini, stratège de la Juventus de Turin. Plus tard, c'est un autre homme fort du foot français qui choisit l'exil : Éric Cantona, qui fait une deuxième carrière en Angleterre, à Manchester, où, à force de coups de génie, il fait chanter aux supporters *La Marseillaise*...

Depuis l'arrêt Bosman, le phénomène inverse se produit. Ce sont ceux qui restent dans l'Hexagone qui font figure de curiosité. Lors de la finale de la Coupe du monde le 12 juillet 1998 face au Brésil, trois Bleus seulement qui ont commencé le match jouaient dans un club français : Barthez (Monaco), Blanc (Marseille) et Guivarc'h (Auxerre). Le 3 juillet 2000, en finale de l'Euro face à l'Italie, ils n'étaient plus que deux : Barthez, toujours à Monaco mais en partance pour Manchester, et Dugarry, redevenu Bordelais.

PBS

L'Afrique et la Coupe du monde

Ce n'est pas la plus grande histoire d'amour que le football ait connue. Car l'organisation de la Coupe du monde se dérobe au continent africain depuis qu'elle existe (1930). Pourtant, ce dernier est réputé pour sa ferveur footballistique et la qualité technique et athlétique de ses joueurs. L'Europe et l'Amérique du Sud ont chacune accueilli plusieurs fois la Coupe du monde. L'ouverture à d'autres continents semble répondre là encore à des critères économiques : États-Unis en 1994, et Corée du Sud/Japon pour 2002. En juillet 2000, l'Allemagne a été désignée pour organiser la Coupe du monde 2006, alors que l'Afrique du Sud partait avec les faveurs du pronostic.

Début 2002, devant les principaux responsables du football africain réunis pour la Coupe d'Afrique des nations au Mali, Joseph Blatter a promis que le Mondial aurait lieu en Afrique en 2010. Mais derrière les promesses d'un candidat en campagne pour

«« l'Afrique aura-t-elle enfin "sa" Coupe du monde ? Affaire à suivre. »»

une réélection à la tête de la FIFA, l'Afrique aura-t-elle enfin « sa » Coupe du monde ? Affaire à suivre.

Un ras-le-bol mâtiné d'une pointe de résignation transparaît dans les propos de certains acteurs majeurs du foot. Michel Platini pourfend la nouvelle formule de la Ligue des champions. Louis Nicollin s'interroge sur la motivation de certains joueurs : « *Quand je vois la saison 2000-2001 catastrophique de Monaco comparée à son effectif, je ne veux pas y croire. Quand Simone (l'attaquant italien du club) joue, est-ce qu'il est toujours au top niveau ? Bien sûr que non. Les joueurs se foutent bien du maillot sous lequel ils évoluent. Seul le pognon compte.* » En mai 2000, dans *L'Humanité*, Jean-Pierre Hureau explique pourquoi il abandonne la présidence du Havre : « *S'il me reste la passion, j'ai beaucoup moins de plaisir, notamment avec ces nouvelles compétitions où l'argent-roi fait la différence.* » Arsène Wenger, dans *Le Monde* du 13 février 2001, s'inquiète de la tournure que l'argent fait prendre au football : « *J'ai vu progressivement l'argent s'emparer du football. Sont alors apparus, dans ce sport, des tas de gens qui ne l'aiment pas. Cela me dérange. Si demain le handball détrône le football en termes de popularité, je resterai fidèle à ma discipline de prédilection alors que les gens dont je vous parle voleront au secours du handball pour faire leurs affaires.* » La grande famille du ballon rond (joueurs, formateurs, bénévoles, présidents, entraîneurs, supporters) se prend les pieds dans les règlements communautaires, les tubes cathodiques et la valse des euros. Avec, suspendue à son nez, une question embarrassante : le football s'appartient-il toujours ?

Entretien avec Jean-François Bourg

Enseignant à l'université de Limoges et spécialiste de l'économie du sport

En tant qu'économiste, que pensez-vous de l'orientation ultralibérale prise par le football ?

« Le sport est devenu un spectacle. L'argent a pour but de dégager toujours plus d'argent. Le football ne devient plus qu'un prétexte. Ce que je trouve regrettable, ce n'est pas tant l'argent en soi, c'est plutôt qu'il devienne l'unique préoccupation, dans une logique de profit maximum. Pour moi, dans le football, le mode de régulation n'est pas le marché. Au XIXe siècle, le sport a été créé pour ses vertus de dépassement de soi, d'épanouissement, d'éducation par l'effort physique, pas pour faire de l'argent. Ou alors, il faut le baptiser autrement. Une nouvelle rationalité marchande s'est emparée du sport depuis une vingtaine d'années. Elle est impulsée de l'extérieur par un petit réseau de firmes qu'on retrouve constamment autour des stades, comme sponsor ou comme diffuseur. Ce réseau de firmes instrumentalise le sport au service d'une logique de profit et de spectacle.

En quoi cette logique du spectacle est-elle nuisible au football ?

Le système européen n'est plus viable car il y a de trop fortes inégalités entre les clubs. Ce sont toujours les mêmes clubs qui sont en Ligue des champions. Ils accumulent de plus en plus d'argent et recrutent les meilleurs talents. 25 clubs écrasent leurs championnat national respectif. Manchester a un budget de 184 millions d'euros (1,2 milliard de francs). Un autre club, dans la même compétition, a un budget six fois inférieur. Il n'a aucune chance de gagner.

« Les Européens doivent comprendre qu'il y a une singularité de la compétition sportive. »

Selon vous, comment peut-on remédier à cette tendance ?

Le droit européen est d'essence libérale, et le sport ne gagne donc rien à cette logique. Les Européens doivent comprendre qu'il y a une singularité de la compétition sportive. Le système libéral est contre-productif puisqu'il permet une concurrence extrêmement nuisible dans la mesure où les gros clubs peuvent récupérer le plus possible d'argent. Il faut que les traités de l'Union européenne reconnaissent une spécificité au sport pour pouvoir déroger au principe de libre circulation des joueurs. Le sommet européen de décembre 2000 à Nice aménage le droit communautaire en reconnaissant des exemptions partielles pour ces mécanismes. La réforme des transferts du 5 mars 2001 est un exemple d'exemption partielle de certaines dispositions des principes de libre circulation. Pour aller plus loin, le législateur européen devrait se pencher sur l'exemple américain. Bien sûr, dans le domaine sportif, les États-Unis restent dans une logique de rentabilité. Mais, pour dégager les profits les plus importants, ils ont compris que la concurrence sportive entre les clubs devait être très vive. Pour encadrer la compétition économique, ils ont mis en place deux mécanismes de péréquation collectivistes dans les ligues sportives professionnelles. La *draft* est un principe qui permet au dernier de recruter le meilleur jeune talent universitaire ou le meilleur étranger. Par ce droit de pioche, les potentiels sont rééquilibrés, et l'incertitude du sport, renforcée.

Le *salary cap* est un plafonnement identique de la masse salariale pour chaque club. En égalisant les potentiels, on évite la concentration des meilleurs joueurs dans quelques grands clubs. Les Américains ont compris que le spectacle sportif est ce qu'on appelle en langage économique un « produit joint » : il est fourni par deux équipes qui sont à la fois adversaires (sur le terrain) et partenaires (toutes deux fournissent ensemble un spectacle). Si une équipe domine trop fortement l'autre, il n'y aura plus d'intérêt.

Ainsi, et c'est paradoxal, le système aux États-Unis n'est pas du tout libéral, mais collectiviste.

Ce modèle est-il transposable en Europe ?

Pour l'instant, non. L'Europe du football connaît trop de distorsions de concurrence pour qu'une Ligue centrale organise une mutualisation des revenus. Les clubs ne sont pas soumis aux mêmes contraintes, ni au même statut juridique. En France, les contrôles de gestion sont très sévères alors qu'il n'y en a pas dans les autres pays. En 2000, le Real Madrid et Galatasaray gagnent la Ligue des champions et la Coupe de l'UEFA en étant surendettés. C'est une distorsion de concurrence, puisque des clubs peuvent continuer à recruter et employer des joueurs, et donc à avoir des atouts qu'ils n'auraient pas dû avoir. De plus, la cotation en Bourse est autorisée dans certains pays et pas dans d'autres (par exemple, la France). Enfin, dans le système du *pay per view* (paiement à la séance), en vigueur en Italie et en Espagne, les clubs vendent eux-mêmes les droits de retransmission aux chaînes de télévision : pour la saison 1999/ 2000, Real avait 180 000 connections par match, Barcelone 130 000. Alors qu'en France, c'est à la Ligue nationale que les télévisions versent les droits, lesquels sont ensuite redistribués. On le voit bien, pour que le modèle américain soit transposable en Europe, il faudrait d'abord que l'Europe libérale concède des exemptions au sport, et surtout qu'elle ait elle-même un modèle. Pour cela, il faudrait une harmonisation sociale, fiscale et sportive. »

Chapitre 2
Conséquences sur les acteurs sportifs

Tout va plus vite sur le terrain, mais également en coulisses. L'argent, dont les grandes chaînes de télévision sont les principales pourvoyeuses, a fait tomber une à une les lois traditionnelles, guidées par l'éthique sportive, pour les remplacer par des lois économiques.

La planète foot, tout comme l'Hexagone football, est aujourd'hui traversée par des forces contradictoires qui sont le miroir de ce qui se passe dans la société. Il y a ceux qui adoptent la loi du marché, surfent sur la nouvelle vague, pour devenir les joueurs vedettes de demain et les clubs phare de la première décennie du XXIe siècle.

Mais il y a aussi ceux qui résistent, qui défendent les vertus sociales du jeu, les valeurs collectives du sport. Supporters, arbitres, bénévoles en tête.

« Les joueurs ont le pouvoir »

« *Ronaldinho de la Pina, star du Milan AC d'Opel, ajuste le gardien et le trompe d'un tir croisé. Son agent financier assis dans les tribunes enclenche son portable. Vous pouvez y aller. Vendez le maximum de nos actions, ça ne montera pas plus haut, prévient-il. Il rejoint* illico *les vestiaires. Il faut le sortir, ordonne-t-il à l'entraîneur. Faites jouer Anelka, son titre boursier est au plus bas, il ne peut que monter. Dans son coin, le joueur français ajuste ses protège-tibias.* » Rassurez-vous. Pour le moment ce compte rendu de match n'est qu'une fiction, imaginée par Blandine Hennion et Karim Talbi pour la finale de la Coupe du monde 2010 (dans *Libération* daté du 3 août 1999).

Fiction, ce monde où les joueurs changeraient de club et de partenaires selon le cours de leur action ou les revenus qui en découleraient, reléguant les valeurs sportives, titres et victoires au rayon de vieux souvenirs ? Rien n'est moins sûr. Prenons le cas d'une vedette actuelle, numéro 10 génial du FC Barcelone et de l'équipe nationale du Brésil. Rivaldo est à la fois joueur, titulaire incontesté dans son club, et agent de deux joueurs qui évoluent également au Barça (Marcelino et Triguinho). Rivaldo est donc leur agent et partenaire. Conséquence, s'il s'entend bien avec eux sur le terrain et choisit par exemple d'ignorer certains de ses partenaires, il fait monter leur valeur et donc les revenus que ces deux joueurs lui rapportent ! L'un d'entre eux a déjà fait des apparitions sur la feuille de match de l'équipe première et l'autre évolue en réserve.

À ce système, la vedette du Barça ne voit aucun mal : *« Si je peux permettre à des joueurs de tomber dans autre chose que dans la drogue, je ne vois pas ce qu'il y a de mal à cela. […]. »* Si on lui demande s'il compte gagner de l'argent avec ce travail, il répond : *« Pourquoi pas ? S'il s'agit d'un travail, il mérite un salaire. […] Je suis un homme d'affaires dans l'âme. »* (L'Équipe, 19 avril 2001.) De la fiction à la réalité de ce début de siècle, il n'y a parfois qu'un pas.

L'arrêt Bosman a entraîné une hausse exponentielle des transferts et des salaires des joueurs. Cette évolution n'est évidemment pas sans conséquence sur leur statut. *Exit* l'ancien preux chevalier qui portait haut les couleurs de son équipe, de sa région, voire de son pays face à l'adversaire, il combat aujourd'hui d'abord pour son intérêt. Aujourd'hui le chevalier ne défend plus un roi ou un royaume. Il est le roi. Ou, pour certains, un mercenaire.

« Les joueurs passent désormais avant l'équipe. »

« Globalement, c'est une transformation qui touche l'ensemble des sports. L'idée de sport collectif n'existe plus. L'entraîneur n'a plus en face de lui une équipe, mais trente individus qui ont tous des intérêts sur le marché des transferts. Il n'a pas en face de lui des gens qui croient au maillot, à la vie, etc, mais trente individus dont la prestation est liée à la manière dont ils conçoivent leur avenir dans le football », analyse le sociologue Patrick Mignon, de l'Institut national du sport et de l'éducation physique (INSEP).

Les joueurs passent désormais avant l'équipe. La définition de l'ancien joueur tchadien de Nantes, Japhet N'Doram, pour qui *« le football, c'est mettre en valeur ses partenaires »*, n'a visiblement plus cours.

Depuis 1974 sur le bord de la pelouse, Louis Nicollin, président du Montpellier Hérault SC , a vu lui aussi se creuser les écarts : « *Dans un même effectif de club pro, les jeunes gagnent entre 20 000 et*

60 000 F par mois et côtoient des stars qui gagnent un million de francs (152 450 euros) par mois en jouant autant qu'eux. C'est normal qu'ils ne pensent plus qu'à une chose : gagner un million de francs eux aussi, qu'importe la couleur du maillot. S'il faut aller au Besiktas Istanbul, c'est la même chose ! »

À ce titre, la saison 2000-2001 du Championnat de France de première division a été riche en exemples illustrant ce fossé entre les joueurs actuels, et notamment ceux que l'on présente comme les nouvelles vedettes, et le football traditionnel, qu'il soit incarné par des entraîneurs ou des anciens joueurs.

Prenons l'exemple de l'Olympique de Marseille, il n'y a pas si longtemps au firmament du football hexagonal et européen avec cinq titres de champion de France entre 1989 et 1993 (dernier titre dont il a été déchu à la suite de l'affaire de corruption VA-OM) et une Ligue des champions en 1993. Après avoir retrouvé quelques couleurs en 1999 (deuxième du Championnat), les Marseillais ont connu deux saisons noires, évitant de très peu la relégation en deuxième division, qui ont provoqué le retour sur La Canebière de Bernard Tapie.

L'entraîneur basque Javier Clemente, appelé à la rescousse en novembre 2000 pour remplacer le Brésilien Abel Braga, a maintes fois répété son incompréhension face à des joueurs qui refusaient d'appliquer ses consignes. « *Si les joueurs préfèrent prendre le soleil, c'est qu'ils n'aiment pas beaucoup jouer. J'ai du mal à comprendre la mentalité ici. "Je ne veux pas jouer à ce poste", "je cours trop", "je suis fatigué", moi, moi, moi...* » lance-t-il, excédé, après quatre mois de présence sur La Canebière (entretien à *La Provence* cité par le site Internet football365.fr, le 26 mars 2001).

Plusieurs jeunes joueurs de l'effectif marseillais, tels le défenseur William Gallas ou le milieu de terrain Jérôme Leroy, ont tout simplement refusé de jouer à la place qu'on leur demandait. Le jeune international français Zoumana Camara n'a pas été en reste. « *Après certaines séances d'entraînement, on ressort avec l'impression de n'avoir rien fait* », précise-t-il (football365.fr, le 23 mars 2001). Le vétéran libérien George Weah s'est lui-même ému de voir ces jeunes joueurs pas encore confirmés contester les choix du coach. Tout comme l'ancien joueur Manuel Amoros qui regrette que certains joueurs qui « *n'ont rien gagné ou presque se prennent pour des stars parce qu'ils gagnent des millions* ».

Ce genre de conflits personnels semble issu tout droit d'une nouvelle mentalité apparue dans le football moderne et sans doute appelée à se confirmer. « *Avant le foot, c'était le modèle d'autorité. L'entraîneur savait se faire respecter. Par exemple, à Sochaux, quand un joueur avait dix minutes de retard, c'était l'amende. Ce modèle s'est détérioré face à la montée en puissance du vedettariat individuel. Le joueur qui, avant la réforme des transferts telle qu'elle est négociée en ce moment, contestait l'autorité de l'entraîneur était certain de faire banquette jusqu'à la fin de la saison et voir sa carrière ruinée. Maintenant, il sait qu'il peut partir sans avoir à respecter forcément la durée de son contrat* », explique le sociologue Christian Bromberger.

Le Paris Saint-Germain – record français en matière de recrutement avec une enveloppe de 76,225 millions d'euros (500 millions de francs) – n'a pas été en reste durant cette même saison 2000-2001. Un moment clé de la saison : le déplacement à Sedan, un soir de décembre. Malgré de nombreuses vedettes – Stéphane Dalmat, Peter Luccin, Nicolas Anelka ou encore Laurent Robert –, les Parisiens déçoivent depuis le début de la saison. L'entraîneur, Philippe Bergeroo, sait qu'il joue dans les Ardennes sa dernière carte : un mauvais résultat serait synonyme d'une éviction immédiate. Pas malheureux à la mi-temps (1-1), le PSG sombre en deuxième période (5-1). Le signe est clair et repris par tous les journalistes : les joueurs ont « lâché » Philippe Bergeroo, qui présente le soir même sa démission.

Le lendemain, au Camp des Loges, le centre d'entraînement du PSG, plusieurs joueurs affichent un sourire en coin, remarque le journal *L'Équipe*. La scission est limpide. Entre l'entraîneur et ses joueurs, mais aussi entre les joueurs. Bâtie à coups de millions, l'équipe de Canal + étale ses divisions aux yeux de tous. Laurent Perpère, le président, rappelle immédiatement celui qui a marqué la courte histoire du club, fondé en 1970 : Luis Fernandez, vainqueur de la Coupe des coupes en 1996 avec le PSG. Explication du président Perpère, reprise par football365.fr : « *Philippe Bergeroo a un grand avenir d'entraîneur devant lui. Mais Luis Fernandez colle avec notre projet.* » Bergeroo était membre du *staff*, conduit par Aimé Jacquet, qui a mené l'équipe de France sur le toit du monde en 1998. On avait alors célébré la vertu du travail. Trente mois plus tard, il est sacrifié. Comble de l'ironie, la plupart des joueurs avec lesquels ne s'était pas entendu Bergeroo, ont eux-mêmes quitté le navire dans les mois qui ont suivi : Luccin, Dalmat, Anelka, Robert...

Ces deux exemples – Marseille et Paris Saint-Germain, les deux seuls clubs français couronnés au niveau européen – doivent nous interroger. Au-delà de leur liberté de circulation, acquise grâce à l'arrêt Bosman, les joueurs ont obtenu beaucoup plus aujourd'hui, un vrai pouvoir qui leur permet de contester les décisions et les entraîneurs. « *Les joueurs ont le pouvoir ! Ils sont en position de force !* » s'exclame d'ailleurs Laurent Perpère dans *Le Nouvel Observateur* quelques mois plus tard (22 mars 2001). Car Luis Fernandez connaîtra finalement les mêmes difficultés de compréhension que son prédécesseur. À Nantes, on le voit être contraint de barrer la route des vestiaires à certains de ses joueurs à l'issue d'une rencontre de championnat pour les pousser à aller saluer les supporters parisiens qui ont fait le déplacement. Contre Bordeaux, au Parc des Princes, plusieurs joueurs remplaçants passent des appels sur leur téléphone portable depuis le banc de touche pour se moquer de Fernandez !

Les sportifs ont acquis grâce au pouvoir de la télévision une notoriété sans précédent. Un exemple parmi d'autres : leur nom est désormais floqué sur leur maillot, au-dessus de leur numéro. Si cela passionne les collectionneurs comme Louis Nicollin, cela a aussi un autre sens : une équipe n'est plus constituée d'un groupe, d'un collectif, mais d'un assemblage d'individualités.

On est loin de la définition qu'André Maurois donnait du footballeur, en 1949 : « *Le parfait joueur est celui qui s'est rendu maître de son corps et sait obtenir de soi, au dixième de seconde favorable, que le pied frappe la balle suivant un angle bien calculé, mais c'est celui qui, gardant l'esprit sans cesse en éveil, sait juger d'un coup d'œil les positions de ses coéquipiers, celles du camp adverse et les chances d'un passage* ». (*La Balle au pied. Histoire du football* d' Alfred Wahl dans la collection « Découverte » chez Gallimard).

Le footballeur fait désormais de la publicité. Après la Coupe du monde 1998, on a pu voir la plupart des Bleus dans des campagnes. Avec foi : « *Bien sûr que je continuerai à faire de la publicité. C'est mon métier* », assure ainsi Anelka (*Le Parisien,* avril 2001).

Le footballeur est également devenu une star qui possède ses fans-clubs et son site Internet. La toile est même devenue pour certains leur unique moyen de communication. Quand Nicolas Anelka annonce son retour au PSG durant l'été 2000, il le fait – en exclusivité – sur son site. Quand Zinedine Zidane rejoint le Real, il livre ses premières impressions à son site officiel. Quand Bernard Tapie annonce son retour à la tête du secteur sportif de l'OM début avril 2001, il choisit – là encore – un site Internet, en l'occurrence celui de son fils (freegoal.fr). Les journalistes sportifs craignent que les joueurs et les dirigeants n'en viennent à délaisser les traditionnelles conférences de presse pour ne plus communiquer que par ce moyen qui a l'avantage, pour les intéressés, de couper court aux questions embarrassantes.

Les joueurs ont largement profité de la révolution née de l'arrêt

Bosman. Ils ont démenti la tradition qui veut que « *les footballeurs ont le cerveau dans les pieds* » (*dixit* George Bernard Shaw). L'enquête menée par les sociologues Jean-Michel Faure et Charles Suaud sur les footballeurs professionnels avait montré qu'ils étaient plus diplômés que la moyenne, au niveau du baccalauréat : 29 % chez les footballeurs contre 12,4 % pour la même tranche d'âge dans le reste de la société (*Libération*, le 9 décembre 1997). Les centres de formation performants de l'Hexagone contribuent aussi à leur placer la tête sur les épaules. « *La spécificité de la formation française est de construire des hommes en même temps que des footballeurs. Cette philosophie est unique. Il y a chez nous un profond respect des enfants. Les gosses vont à l'école, ils suivent des cursus aménagés, ils retournent régulièrement auprès de leur famille* », explique Aimé Jacquet, directeur technique national au *Monde*, le 25 avril 2001. Confrontés très tôt à la nécessité de gérer une carrière et des revenus, et grâce à leur formation qui n'est pas que sportive, les joueurs font preuve d'une certaine maturité précoce qui va à l'encontre des clichés répandus sur leur compte. Malheureusement souvent pour le seul profit.

Et puis, les joueurs apprennent à défendre leurs intérêts à travers les syndicats. Encore balbutiantes il y a quelque temps, la Fifpro, au niveau international, et l'UNFP (Union nationale des footballeurs professionnels), au niveau français, sont de plus en plus influentes. En témoigne la présence, pour la première fois, en décembre 2001, d'un président de la FIFA – Joseph Blatter – au congrès de la FIFpro, créée en 1966.

On peut remarquer d'ailleurs le même mouvement chez les entraîneurs français qui veulent donner un nouveau souffle à leur propre syndicat, l'Unecatef, en évinçant Guy Roux.

Mais gare au retour de bâton ! Désormais en première ligne, les joueurs sont naturellement appelés à être de plus en plus exposés. Face à la hausse exponentielle des salaires, on est devenu de plus en plus exigeant face aux joueurs. « *On attendra d'eux qu'ils jouent plus, qu'ils subissent davantage de pression et qu'ils répondent encore plus aux espoirs du public en tant que personnalités et en tant que modèles* », selon le journal britannique *Financial Times*. D'où les dérives possibles, comme les calendriers surchargés (à la Coupe des Confédérations 2001 au Japon et en Corée du Sud, les équipes jouaient tous les deux jours !) ou le dopage.

Si Jean-Marc Bosman n'a pas franchement profité de sa jurisprudence, on voit donc que ses confrères si. Jean-Marie Brohm, sociologue engagé contre le football médiatique qui « shoote » les masses, dénonce un système bâti sur l'argent : « *Anelka, il vend sa force de travail. On peut le comparer aux prostituées. Certes, on peut estimer que c'est une victime. Mais attention ! Je ne confonds pas une prostituée de la rue Saint-Denis qui, elle, est une vraie victime, avec Anelka, qui est quand même suffisamment médiatisé pour se défendre. Mais les joueurs intermédiaires, ceux qui viennent d'Europe de l'Est, d'Afrique ou du Brésil, ils sont complètement dépendants des réseaux mafieux d'intermédiaires, d'imprésarios complètement véreux »*.

De fait, les joueurs, en tant que valeur marchande, attirent. Jean-Pierre Hureau souligne les sollicitations de plus en plus nombreuses auxquelles sont exposés les ouvriers du ballon rond. « *Les joueurs suivent, mais aussi subissent l'évolution du football. Ce n'est pas forcément qu'ils soient moins attachés au maillot, mais ils sont de plus en plus sollicités. Les agents sont de plus en plus nombreux à graviter autour d'eux* », lance l'ancien président du Havre AC.

Dérapages, excès : ces nouveaux joueurs font naître souvent des critiques bien senties pour leur attitude moderne. Mais ne vaut-il pas mieux s'adapter à ces nouveaux joueurs que répéter mille fois son incompréhension ? « *Prenons le cas de Philippe Bergeroo,* note Patrick Mignon. *Est-ce l'incompréhension de la banlieue pour un entraîneur traditionnel, comme on l'a dit assez souvent, ou celle d'un entraîneur, formé à une certaine idée du football, qui a du mal à s'adapter à une autre situation ?* »

Car, derrière les échecs de certains entraîneurs, d'autres réussissent parfaitement à intégrer ces nouveaux joueurs. C'est le cas notamment de Roger Lemerre. « *Les jeunes nous font profiter de leur tempérament. Contrairement aux clichés colportés, ils ne sont pas obnubilés par l'argent. Ils ne sont pas avides* », assure le sélectionneur de l'équipe de France, pendant l'Euro 2000 au Benelux (*Le Monde,* 29 juin 2000). Arsène Wenger obtient lui aussi des succès avec ces jeunes footballeurs. « *Il faut entretenir chez eux la passion pour le football, le désir du dépassement et encourager le jeu* », explique celui qui a lancé Thierry Henry et David Trezeguet à Monaco avant d'accompagner, toujours avec succès, les vrais débuts de Nicolas Anelka à Arsenal.

Sans doute Wenger a-t-il compris quelque chose d'essentiel. On peut regretter ce qu'on veut sur ces « nouveaux joueurs », dénoncer les abus, l'argent, etc. Reste que le football de demain se fera avec ces joueurs-là, les plus doués de leur génération. Louis Nicollin rappelle que « *les entraîneurs, on ne leur demande pas d'apprendre à jouer aux joueurs, ils le savent très bien, il faut des meneurs d'hommes, et intelligents* ». Face à des joueurs de plus en plus enclins à jouer la carte personnelle et sauvegarder leurs inté-

« Reste cette question essentielle : sur quoi se fonde la valeur des joueurs ? »

rêts, les entraîneurs devront donc savoir mettre ces individualités au service du groupe tout en étant de plus en plus à l'écoute de chacun. C'est-à-dire que l'entraîneur ne devra sans doute plus, dans l'avenir, se contenter d'établir un schéma d'équipe que les joueurs prennent ou acceptent, mais prendre les joueurs un par un pour voir où et comment ils peuvent s'intégrer. Le technicien devra permettre l'adéquation entre l'intérêt du joueur et celui de l'équipe. « *De plus en plus, nous aurons deux équipes face à face,* assure Patrick Mignon. *D'un côté une équipe de joueurs, de l'autre une équipe d'entraîneurs.* » Le schéma à l'anglaise, avec un manager qui dispose des pleins pouvoirs sportifs et une équipe technique, devrait se généraliser au niveau de l'encadrement des clubs.

Reste cette question essentielle : sur quoi se fonde la valeur des joueurs ? Le fait qu'ils aient désormais des intérêts propres qui interfèrent avec les intérêts de l'équipe. « *Pour ne pas se tromper, il n'y a pas de recette. Il faut au moins avoir vu plusieurs fois le joueur à l'œuvre* », rappelle Jean-Pierre Hureau qui a présidé pendant plus de vingt ans le doyen des clubs français, Le Havre AC.

Nicollin, lui, connaît une technique imparable : organiser des repas à six avec le joueur et sa femme, Michel Mezy, son entraîneur, et sa femme ainsi que lui et sa femme. « *Rien qu'aux deux premières paroles de la femme du joueur, on connaît tout. Je pense qu'un joueur de football, comme tout sportif, il faut qu'il soit bien dans sa peau. C'est très important, l'environnement du joueur. C'est pour cela que, avant de les recruter, on organise un petit repas tranquille. En deux heures de repas, les Silvestre, Martini (joueurs montpelliérains), ils y sont passés et on ne s'est pas trompés. Malheureusement, on a abandonné cette bonne habitude. Je suis certain que certains joueurs ne seraient pas venus à Montpellier si on avait maintenu la tradition.* »

De telles remarques, pourtant pleines de bon sens, feraient presque sourire. Avec l'augmentation croissante des investissements dans le football, les clubs cherchent avant tout à spéculer sur le marché. « *La valeur d'un joueur se fonde sur des potentialités. Le jeu des clubs est de ne pas arriver après la partie une fois que les joueurs ont réalisé leurs exploits mais de mettre la main sur des talents qui promettent. Alors là, évidemment, il y a un champ d'aléatoire et un champ de variations assez forts car on peut avoir des jeunes qui ne concrétisent pas les espoirs mis en eux »*, explique Christian Bromberger.

On pense à l'exemple de Laurent Blanc, champion du monde en 1998 avec l'équipe de France et bradé l'année suivante à l'Inter de Milan pour 2,744 millions d'euros (18 millions de francs) par l'Olympique de Marseille. Supposé trop vieux, il fera en Italie l'une des ses plus belles saisons avant de rejoindre le meilleur club d'Angleterre de ces dernières années, Manchester United.

Pour remettre un peu d'ordre, les instances sportives ont tenté de reconsidérer la situation. La réforme des transferts négociée pendant l'année 2001, et contestée par les joueurs, devait prévoir une sorte de barème, des « tarifs » liés au palmarès et à l'expérience internationale d'un joueur. Las ! Les syndicats de joueurs se sont opposés à cette mesure qui a finalement été supprimée.

Clubs des villes ou clubs des champs

Les coups de boutoir de la télévision ont entraîné une profonde accélération des mouvements sur la planète football. Les clubs se trouvent à la croisée des chemins. Aujourd'hui, les investisseurs, attirés par le business pur, côtoient les clubs traditionnels. À long terme, les deux philosophies vont-elles cohabiter ou l'une, d'essence libérale, va-t-elle balayer l'autre ? *« La scission n'a jamais été aussi proche,* affirme Jean-Pierre Hureau. *Je trouve normal que les investisseurs s'inté-ressent au football. On a besoin de locomotives. Mais je regrette l'abandon de certaines valeurs. »* L'ex-président du Havre AC a choisi son camp : la défense des valeurs fondatrices du jeu.

Dans le Championnat de France, le profil des différents présidents de club illustre bien la dualité entre les deux philosophies. Le Havrais Jean-Pierre Hureau se classe volontiers dans la catégorie des « dinosaures », que sont Carlo Molinari à Metz, Jean-Claude Hamel à Auxerre ou Louis Nicollin à Montpellier. À leurs côtés est apparue ces dernières années une cohorte de « nouveaux » présidents. Pour la plupart, ce ne sont pas des spécialistes du jeu en lui-même, mais des gestionnaires d'entreprise avertis, comme Laurent Perpère au Paris Saint-Germain, Jean-Louis Triaud à Bordeaux, Patrick Proisy à Strasbourg, Pierre Blayau à Rennes et, surtout, Jean-Michel Aulas à Lyon. D'autres, comme Gervais Martel (RC Lens) ou Jean-Louis Campora (AS Monaco), sont d'anciens « dinosaures » qui se sont convertis.

Non contentes de se côtoyer, ces deux philosophies s'affrontent.

Leur théâtre: la Ligue nationale de football (LNF), l'instance qui regroupe l'ensemble des clubs professionnels. En juin 2000, le renouvellement du président a donné lieu à un affrontement à couteaux tirés entre les fameux « dinosaures » et les « nouveaux » présidents. Jean-Claude Bourgoin, appuyé par Jean-Louis Campora, Jean-Michel Aulas et Gervais Martel, a été élu président. Il a succédé à Noël Le Graët, lequel a été battu sur la question des... droits télévisuels ! Depuis, les conflits resurgissent régulièrement, comme lors de l'attribution des droits de l'émission dominicale *Téléfoot.*

Mais le pouvoir décisionnel appartient désormais à un groupe d'hommes dont le « meneur » est clairement Jean-Michel Aulas. Le président de l'Olympique lyonnais, qui œuvre depuis quatorze ans, connaît une certaine réussite avec son club qu'il a conduit de la deuxième division à la Ligue des champions, doucement mais sûrement. Au point d'imposer Lyon comme l'une des références en France, voire en Europe. Si, sportivement, l'OL est encore peu titré (une seule récompense lors des vingt dernières années, la Coupe de la ligue en 2001), il incarne un nouveau modèle qui semble porteur d'avenir. Jean-Michel Aulas a doté le club d'infrastructures et d'un fonctionnement moderne. Il a fait participer au capital un grand groupe de communication (Pathé) et développé toute une gamme de services, allant des produits dérivés au coiffeur ! Le président montpelliérain Louis Nicollin ne cache pas son admiration devant le travail de son homologue lyonnais. « *Je ne vois pas comment gagner des sous avec le foot. Ce sont deux choses diamétralement opposées pour moi. Mais Aulas m'a expliqué comment il faisait à Lyon et je suis obligé de lui tirer mon chapeau. En 2001, il va dégager un bénéfice 3,049 à 4,573 millions d'euros (de 20 à 30 millions de francs) et il va jouer la Ligue des champions* », souligne « Lou-lou », lui-même grand chef d'entreprise.

Lyon est l'une des premières transpositions en France de ce qui se fait chez la plupart de nos voisins : Italie, Angleterre, Espagne. Comme souvent, derrière le développement d'un grand club se cache la motivation personnelle d'un président ou d'un groupe. « *Le président de la Lazio de Rome pense que chaque saison il doit acheter des joueurs pour faire augmenter le nombre d'abonnements et faire parler de lui, quitte à ne pas avoir de résultats. Car la concurrence entre clubs se joue à plusieurs niveaux : sportif et économique. Pour l'instant, les deux peuvent être relativement indépendants* », souligne le sociologue Patrick Mignon.

En Italie, les clubs sont très liés à l'image de leur président, comme Silvio Berlusconi à Milan, et cela peut expliquer la surenchère.

En Angleterre, ceux qui ont pris le pouvoir étaient des financiers, qui voulaient transformer leur investissement en profit. La motivation n'était plus politique mais purement financière. Ils n'avaient pas d'enjeu pour être ministre, voire Premier ministre, ils voulaient simplement faire tourner la boutique.

«« Christian Bromberger prédit pour sa part une "dysneylandisation" du football. »»

Le jeu, ou même la reconnaissance sportive, n'étant plus en tout état de cause la motivation ultime de ces clubs, cela peut entraîner les clubs à devenir beaucoup plus qu'un objet sportif. Christian Bromberger prédit pour sa part une « *dysneylandisation* » du football. « *Les fonctions des clubs de football vont changer,* estime le sociologue. *Dans les stades, on se mariera, on organisera les anniversaires de ses enfants, il y aura peut-être demain des crèches, des super-marchés. Le football pourrait bien occuper une place qui était tenue naguère par les appareils religieux avec leur patronage, leurs colonies de vacances ou leur structure d'entraide, ou par les grands appareils politiques.* »

Autre évolution possible, le *Financial Times* voit une prise de contrôle des clubs par les joueurs. « *Le flirt entre le football et la bourse ne durera pas : les dividendes n'en valent pas la peine,* assurait le quotidien. *Les joueurs, propulsés par l'accrois-sement de leurs gains, vont prendre le contrôle du sport au détriment des actuels administrateurs et autres propriétaires de club* » (article reproduit dans le *Courrier international,* daté du 9 au 15 mars 2000). Comme le quotidien anglo-saxon, il n'est pas interdit de penser que les joueurs, au vu des salaires qu'ils touchent, auront bientôt envie de devenir propriétaires de leur club. L'exemple d'un Michael Jordan (Washington Wizards) dans le championnat américain de basket est là pour nous le montrer. Quand on sait que la Socpresse est devenue propriétaire du FC Nantes, champion de France 2001, pour 18 294 millions d'euros (120 millions de francs), somme que quatre ou cinq joueurs célèbres n'auraient absolument aucune difficulté à réunir s'ils décidaient d'investir dans un milieu rentable... Après, cela entraînerait d'autres difficultés. À la vitesse où les joueurs changent de club, on arriverait à des absurdités où un joueur pourrait alors jouer contre un club dont il est actionnaire...

Du côté des « exclus » du football-business

Le football moderne, c'est-à-dire télévisé, peut-il se passer des supporters, des arbitres et des bénévoles ? Mis à part pour le décor, voire le folklore. Oui, répondent certains. Certes, les supporters aux visages expressifs et bigarrés aux couleurs de club fournissent « l'ambiance » sur les écrans de télévision, mais les clubs n'ont plus guère besoin des recettes des guichets pour vivre. Bien sûr, les professionnels aiment rendre hommage et faire des démonstrations chez les amateurs, mais la compréhension devient de plus en plus difficile entre la vedette ultramédiatisée qui touche 1 MF par mois et les footballeurs de base. Et les arbitres, contestés dans leurs décisions par les hommes de TV quand ils ne sont pas violentés par les joueurs, semblent gêner plus que servir le jeu. Quel football nous réserve le futur si ces composantes importantes du jeu sont mises de côté ?

L'arbitre, ce bouc émissaire

Avec le respect des contrats, l'autorité des entraîneurs et la soumission des clubs aux fédérations, s'en est allée l'autorité de l'arbitre sur le terrain de football. Les arbitres ont toujours été les boucs émissaires. En se promenant sur Internet, on trouve un site qui recense, par thèmes, les erreurs d'arbitrage (www.apuma.fr.st). De tout temps, critiquer les décisions d'arbitrage a été un des sports favoris des amateurs de football. *« Pourquoi se souvient-on d'un match cinquante ans après ? C'est bien à cause des erreurs d'arbitrage »*, plaisante le sociologue Patrick Mignon. De fait, l'agression non sanctionnée de Schumacher sur Battiston en demi-finale de la Coupe du monde à Séville en 1982, la main de Maradona contre l'Angleterre en 1986, celle du Portugais Vata contre l'OM en 1990 ou, plus près de nous, le carton rouge de Laurent Blanc contre la Croatie, dans une autre demi-finale célèbre (en 1998), demeurent dans les mémoires françaises.

Et pourtant, aujourd'hui, les critiques sont devenues plus fortes et plus pernicieuses. Là encore, le poids des images renvoyées par la télévision fait du mal. Les images passent et repassent lors des rencontres. *« On a de plus en plus de mal à supporter l'incertitude, notamment parce qu'aujourd'hui il y a de l'argent. L'investissement a besoin de certitude, à fonds pas perdus »*, constate Patrick Mignon. Jean-Michel Aulas, président de l'Olympique lyonnais et chantre en France du « football libéral », s'est illustré par ses déclarations malheureuses contre les arbitres lors des Championnats de France 2000-2001 et 2001-2002, qui a vu son club terminé deuxième. L'économie mondialisée ne supporte pas l'incertitude, mais peut-il en être pareil dans le football ? Certes non.

Et d'abord pour une bonne raison : il est impossible d'éviter toutes les erreurs d'arbitrage. Elles font partie du football autant que le jeu. C'est inévitable dans la mesure où une règle comme le hors-jeu est tout simplement inapplicable. Une étude récente publiée par des chercheurs néerlandais dans le magazine scientifique anglo-saxon *Nature* a conclu qu'il y avait au moins 20 % d'erreurs sur les décisions de hors-jeu. Quel œil peut surveiller simultanément trois joueurs et un ballon, parfois distants de plusieurs dizaines de mètres ? Aucun, répondent les scientifiques.

« Les arbitres sont mis de plus en plus en difficulté par la télévision, explique Jacques Blociszewski. »

Alors, pourquoi ces critiques ? Parce qu'on croit – caméras à l'appui – qu'on peut éviter ces erreurs aujourd'hui. *« Les arbitres sont mis de plus en plus en difficulté par la télévision »*, explique Jacques Blociszewski, chargé de recherches, spécialiste de la question de la télévision et du sport. La multiplication des caméras et des images télé donne l'impression que l'erreur est évitable, que le zéro défaut est possible. Mais pour voir que Maradona marque de la main, il va falloir absolument tout vérifier.

L'idée du vidéoarbitrage revient constamment. Le débat n'est pas tranché, loin s'en faut. Il sera sans doute au cœur du football dans les années à venir, à moins que les instances sportives ne décident une fois pour toutes de protéger l'arbitre et de contrôler ce que montrent les médias.

Jacques Blociszewski a multiplié les études sur la question : pour lui, l'arbitrage assisté par la vidéo est « inapplicable ». *« Les gens de télé sont partisans du vidéoarbitrage qui correspond pour eux à une certaine logique de l'image qui leur est naturelle. Ils s'imaginent que l'image va pouvoir aider le football, mais ce n'est pas si simple car l'utilisation de l'image soulève des tas de problèmes. Tout le monde dit : « Il faut la vidéo ! Il faut la vidéo ! », mais personne n'analyse la question. Si vous analysez, vous voyez que c'est extrêmement compliqué. »* L'apparition de la vidéo dans le rugby semble donner raison à cet adversaire de l'arbitrage assisté. Lors du Tournoi des six nations, au printemps 2001, deux matches de l'équipe de France ont montré que les interprétations de l'image pouvaient être sujettes à caution. *« On ne bannira pas les erreurs »*, confirme Christian Bromberger.

« D'abord il faut arrêter le jeu, constate Jacques Blociszewski. *Alors on va l'arrêter juste pour certaines fautes, mais lesquelles ? Ensuite on voit que l'image, ce n'est pas forcément la réalité. Si on veut des images, d'accord. Mais on sait qu'il y a autant de vérités qu'il y a de positions de caméra. Est-ce que ce seront les images de la télévision ? Si oui, il n'est pas difficile d'imaginer qu'un jour ou l'autre il y aura des problèmes, parce que la télévision peut prendre parti, choisir les images. En plus, certains clubs appartiennent à des chaînes de télévision. »* L'exemple de cet arbitre américain qui avait sifflé un penalty en faveur de la Norvège contre le Brésil lors de la Coupe du monde 1998 illustre bien la difficulté de recourir aux images. Malgré la présence de dix-sept caméras, l'image semblait montrer qu'il avait eu tort alors qu'une photo publiée les jours suivants dans tous les journaux prouva le contraire.

Les partisans du vidéoarbitrage semblent pourtant gagner du terrain. Un exemple parmi d'autres : ce sondage qui montre que les personnes interrogées sont favorables (à 75 %) au vidéoarbitrage (enquête CSA réalisée sur 1 005 personnes et parue dans *Le Parisien*, le 21 janvier 1999). « Êtes-vous favorable à l'utilisation de la vidéo pour aider les arbitres de football ? » leur demandait-on. Le présupposé est limpide : la vidéo aide les arbitres. En est-on certain ? On est en droit de penser que les personnes interrogées étaient favorables au vidéoarbitrage qui aiderait les arbitres. Pas forcément à celui qu'on nous propose aujourd'hui et qui visiblement pose plus de problèmes qu'il n'apporte de solutions.

En 1995, un test a eu lieu à Créteil. On a remarqué que les joueurs ne contestaient plus les décisions de l'arbitre après consultation de la vidéo. Mais derrière cela, se cache un vrai risque pour les arbitres : *« Pelé ou Di Stephano, ils ne s'emmerdaient pas avec dix centimètres. D'abord parce qu'on ne pouvait pas vérifier. Aujourd'hui on a les moyens de vérifier, alors cela change la mentalité des gens »*, regrette Jacques Blociszewski. Les joueurs font de plus en plus référence, lors de leurs déclarations d'après-match, à la nécessité de revoir les images sur telle ou telle action.

Les opposants au vidéoarbitrage avancent également des arguments moraux, liés à l'esprit du jeu. *« Est-ce qu'il n'est pas plus important de mettre la défense hors de position que de siffler un hors-jeu pour 50 cm ou savoir si un ballon est entré entièrement ou pas ? Il faut que l'arbitre puisse arbitrer dans l'esprit et qu'il ne s'en remette pas à une technique qui le décrédibilise et le déresponsabilise* », ajoute Jacques Blociszewski. Or, le sport exige des décisions. Aux origines du football, l'arbitre n'existait pas. Les clubs s'arbitraient eux-mêmes. On trouvait deux arbitres sur le terrain, un de chaque équipe. Puis, les problèmes se multipliant, les clubs ont décidé de s'en remettre à un arbitre neutre, les deux autres arbitres s'occupant désormais des lignes. Aujourd'hui, contester systématiquement les décisions de l'arbitre revient à contester la présence même de l'arbitre sur le terrain et à en revenir au début du football. Quel pas en arrière !

« *La remise en cause de l'arbitrage, c'est aussi la remise en cause globale de la médiation qui touche notre société. À l'exemple de la crise qui frappe le journalisme. On a l'impression qu'il suffit de brancher une caméra pour être nous-mêmes témoin et juge. On croit qu'on peut se passer d'explication* », ajoute encore Jacques Blociszewski.

Le sociologue Christian Bromberger est lui aussi sensible à ce danger. « *Les erreurs d'arbitrage ne me scandalisent pas, c'est à l'image de la vie. Et puis, derrière cela, il y a aussi quelque chose d'humain. Pour qu'un monde soit vivable, il faut qu'il soit un petit peu contestable. Il faut qu'il puisse y avoir des petits "pas vu, pas pris". Faute de quoi il n'y aurait plus de recours contre l'injustice, contre le sort, et la défaite et l'échec deviendraient psychologiquement beaucoup plus difficilement supportables. Tandis que si on peut s'en prendre à l'arbitre, la réalité devient plus acceptable*. »

Le constat que la vidéo ne sera sans doute pas très utile au football ne doit pas empêcher le débat pour un meilleur arbitrage. Car le fait est que les matches sont de plus en plus serrés. Souvent, cela se joue sur un petit but, un coup de pied arrêté. On se souvient de la défaite de Sedan face à Nantes en finale de la Coupe de France sur un penalty imaginaire. Ne peut-on pas améliorer l'arbitrage ? Les joueurs ne ressemblent pas à leurs aînés, les clubs non plus, les arbitres ne doivent-ils pas suivre le mouvement ? Quelques modifications ont eu lieu ces dernières années, comme la plus grande responsabilisation des arbitres assesseurs et du quatrième arbitre. Mais il y a sans doute plus à faire.

La professionnalisation sera sans doute le prochain grand chantier. En août 2001, le Championnat d'Angleterre a ainsi été le premier à mettre en place une élite professionnelle : vingt-quatre arbitres rémunérés plus de 7 622 euros (50 000 francs) par mois par une société privée. Aujourd'hui, un arbitre français touche 1 463 euros (9 600 francs) par match, à raison d'une quinzaine de rencontres arbitrées par saison. Avec des arbitres professionnels, « *il n'y aurait pas forcément moins d'erreurs mais on serait mieux intégrés »*, souligne l'arbitre français Stéphane Bré dans *L'Équipe* (27 avril 2001). « *On parlerait d'égal à égal. Aujourd'hui, un type qui gagne 900 000 balles est dirigé par un employé des PTT, un inspecteur de police ou un informaticien qui a déjà du mal à s'entraîner. Les erreurs subsisteront tant qu'un être humain prendra des décisions, mais le climat sera bien meilleur pour nous.* » On le voit, plus que corriger les erreurs, qui sont de toute façon inhérentes au jeu, le grand débat du football de demain est de restaurer l'arbitre auprès des clubs milliardaires et des joueurs millionnaires.

Le chant du cygne des supporters ?

Il n'y a jamais eu autant de spectateurs pour voir les matches de football en France. Plus de sept millions de spectateurs se sont rendus dans un stade français lors de la saison 2000-2001, soit une moyenne de 23 000 entrées par match (chiffres de la Ligue nationale comprenant entrées payantes et invitations). Ces chiffres marquent un nouveau record, alors même que les matches n'ont jamais été autant diffusés à la télévision, via le *pay per view*. Ainsi, depuis la Coupe du monde 1998 en France et la victoire de l'équipe de France, la popularité du football n'en finit pas de se développer. Les femmes, les enfants, les fournisseurs, les partenaires, les clients, les amis, les parents : désormais tout le monde se déplace volontiers sur le bord de la pelouse pour applaudir les joueurs.

C'est une bonne nouvelle. Pour qui aime le football, voir autant de personnes dans les stades, c'est une vraie joie. Il n'y a pas si longtemps, au début des années 1990, l'équipe de France peinait à se trouver un public, voire un stade. On avait même décidé de faire tourner les Bleus en province car le public parisien, toujours sous le choc d'une défaite traumatisante face à la Bulgarie, en novembre 1993, semblait se refuser à cette équipe. Ainsi, les Cantona, Angloma, Deschamps ont-ils dû aller chercher leur qualification pour l'Euro 96 à Auxerre, Saint-Étienne ou Marseille. D'ailleurs, les Bleus ont très peu rejoué au Parc des Princes depuis. Aujourd'hui, deux têtes victorieuses de Zinedine Zidane un soir de juillet 1998 ont définitivement ancré les Bleus au Stade de France et on se presse de toute la France pour venir les y voir jouer. C'est donc une bonne nouvelle.

Pourtant, la réalité est, semble-t-il, plus contrastée et, peut-être, beaucoup moins rose pour le football. Car s'il y a de plus en plus de spectateurs, il n'est pas certain qu'il en soit de même pour les supporters. Car le spectateur est-il forcément un supporter ? Bien sûr que non. Auteur de *Génération supporter* chez Robert Laffont, le journaliste Philippe Broussard précise : *« Pendant les matches de l'équipe de France, on voit des gens, certes passionnés, qui ne sont pas des vrais supporters de football. Ce sont des gens qui ne connaissent pas les chansons de foot et ne réagissent pas au jeu en lui-même. »*

Le philosophe Alain Finkielkraut est également de ceux qui regrettent l'arrivée de ces spectateurs *new look* : *« Je regrette l'époque ancienne où le football était un sport populaire. L'époque ancienne où j'allais assister avec mon père aux matches du Racing. J'ai tout de suite aimé ce spectacle à la bonne franquette, où les commentaires font partie du plaisir, sont même indispensables. L'élite contemporaine aime aujourd'hui plus le foot que le tennis. Cela m'agace, pas parce que je suis populiste, mais parce que cela donne lieu à un parasitage idéologique. Pour aimer l'Équipe de France, je n'avais pas besoin qu'on me dise qu'elle était pluri-ethnique et une arme de guerre formidable contre le Front national »* (*Libération*, 17 juillet 1999).

Il y a plus gênant. Ce « nouveau » public finit par prendre la place des « vrais » supporters. Car les stades ont évidemment une capacité limitée. Quand un club a la chance d'avoir un stade rempli en permanence par les abonnés, il peut pratiquer les prix qu'il souhaite au guichet. Et les clubs ont évidemment tendance à choisir le nouveau spectateur qui vient au stade en consommateur et n'hésitera pas à profiter de tous les services proposés sur place ainsi que des boutiques. Car le nouveau spectateur vient en famille ou entre amis pour passer un bon moment, comme il irait à une soirée ou au restaurant, mais pas seulement pour voir du jeu, défendre des couleurs ou chanter à tue-tête l'hymne du club. De plus, il ne sera pas coupable de débordements comme peuvent en signer les supporters traditionnels auxquels se mêlent parfois des *hooligans.*

Maintenant, est-ce que cette exclusion de fait des supporters traditionnels, ceux qui font l'histoire du club, est une bonne ou une mauvaise chose pour l'avenir du football ? Car c'est finalement la seule question qui nous importe. *« À court terme, les clubs pensent en termes financiers et se rendent compte que, même à 61 ou 76 euros (400 ou 500 francs), les places partent quand même, alors ils préfèrent sacrifier des tribunes accessibles au plus grand nombre pour construire des loges parce que c'est un gros apport en termes de budget. Mais à long terme, c'est une mauvaise stratégie »*, assure Philippe Broussard.

Et d'abord pour une raison simple : on ne sait pas si, dans quelques années, ces nouveaux spectateurs seront toujours là. Si, en 2003, l'équipe de France de rugby remporte la Coupe du monde quelques mois après une victoire d'un club français en Coupe d'Europe, ne se porteront-ils pas sur le rugby qui serait devenu une nouvelle mode ? « *Le spectateur français a tendance à voler au secours de la victoire* », se moque gentiment l'ancien président du HAC, Jean-Pierre Hureau. Tant que l'effet équipe de France joue à plein, pas de souci. Mais après ? Les prix des places, en augmentation permanente en même temps que le nombre des spectateurs, finiront par lasser les familles. Et puis, ces spectateurs sont venus au stade attirés par l'esprit de fête qui a suivi la Coupe du monde 1998. Fête assurée, évidemment, par les supporters avec leurs écharpes, leurs drapeaux, leurs chants et leur foi viscérale. Les supporters chassés, la fête baisse d'un ton, comme c'est déjà le cas sur les gradins de Manchester. Du coup, ils pourraient avoir envie d'aller « *s'encanailler* » ailleurs, pour reprendre le terme de Philippe Broussard.

À ce moment-là, peut-être pas si loin de nous, les supporters traditionnels reviendront-ils occuper leur place derrière les cages ? Pas sûr. Ils ne seront peut-être pas prêts à payer le même prix. Et puis, « *supporter est un métier qui se transmet de père en fils* ", rappelle Philippe Broussard. « *Moi, je vais au stade, j'emmène mes enfants, je les initie un peu* », ajoute-t-il. Si le rituel de l'initiation au stade n'a pas eu lieu, faute de place et d'ambiance, il n'est pas dit que les supporters reviennent.

« Un club sans supporters est un club sans mémoire. »

Or, les supporters sont indispensables au football comme le sont les joueurs ou les dirigeants, car ce sont eux qui habitent le club et font son histoire. Dans un monde où les joueurs sont, selon Christian Bromberger, des « *météores* », les seuls qui sont toujours là, ce sont évidemment les supporters. « *Les jeunes qui composent les groupes ultras finissent par se dire que de toute manière les dirigeants passent et les joueurs sont des mercenaires qui ne font que passer, eux aussi. Qui incarne la mémoire de ce club, qui sait ce qui s'est passé ici il y a vingt ou trente ans quand mon père était dans les tribunes ? Eh bien, ce sont les supporters* », précise Philippe Broussard.

Un club sans supporters est un club sans mémoire. L'exemple de Monaco, pourtant champion de France de football à sept reprises, est à ce titre assez symptomatique, tout comme l'avait été celui du Racing Club de Paris de Jean-Luc Lagardère, construit *ex nihilo* à coups de millions, devenu Matra Racing puis Racing Paris 1 avant de disparaître. Aux grands clubs de savoir préserver leurs racines. Mais quand ils ne le font pas, certains supporters le font pour eux. En Allemagne, une fronde des amateurs de football a contraint la Fédération à rétablir l'horaire de la plupart des rencontres de *Bundesliga* à 15 h 30 le samedi après-midi. Le mouvement informel « Pro 15 : 30 » né sur Internet dénonçait la scission des journées de Championnat en quatre ou cinq, du vendredi soir au dimanche soir, pour permettre davantage de diffusions télévisées. Les supporters ne doivent donc pas hésiter à se faire entendre en dehors des stades pour espérer pouvoir toujours se faire entendre dedans.

Le football amateur, si proche, si loin

Michel Platini, l'ancien meneur jeu de jeu passé par Nancy, Saint-Étienne puis la Juventus Turin, avant de devenir l'idole de toute une génération sous le maillot bleu frappé du coq gaulois, réalise une conversion tout aussi réussie. Son titre de gloire : l'organisation sans faute de la Coupe du monde 1998 en France en tant que coprésident du Comité français d'organisation (CFO). Le CFO a réussi l'exploit qu'il n'y ait aucun incident sur les sites – même si des incidents ont eu lieu en marge des rencontres, avec notamment l'agression du gendarme Nivelle à Lens et des affrontements entre supporters à Marseille – et, surtout, de réaliser un joli petit bénéfice. Après quelques tergiversations, le CFO a finalement décidé de reverser une partie des bénéfices au football amateur. Juste retour des choses pour récompenser le travail passionné de douze mille bénévoles dont une bonne partie à plein-temps pendant six semaines. Pourtant, plus qu'une récompense, cet argent apparaît comme une compensation pour un monde amateur mis à l'épreuve, sinon écarté, par le football moderne.

Sur le terrain du football amateur, il s'agit d'être prudent quant à savoir quelles sont les conséquences du football moderne – enjeux financiers et télévisuels – issues de l'arrêt Bosman. Le clivage, sinon la méfiance entre les passionnés, bénévoles qui se donnent corps et âme à leur club et les joueurs surpayés, voire gâtés, a toujours existé. *« Cette vision idyllique de l'amateurisme, dernier refuge des vraies valeurs, fait sourire. Dans le vélo, le dopage touche aussi les amateurs. Et la violence ! Souvenez-vous des mesures de suspension d'urgence des compétitions prises en Seine-Saint-Denis à cause de la multiplication des incidents allant jusqu'à la mort des participants* », rappelle Michel Caillat, animateur du Mouvement critique du sport (*Le Monde*, 8 mai 2000).

Mais l'explosion des indemnités de transfert et des salaires, et la disparition de vertus comme le collectif et l'amour du maillot, creusent encore le fossé. Comme dans le cas de l'arbitrage, il ne s'agit donc pas ici d'exacerber les protestations qui ont toujours eu cours dans le jeu et qui participent du football, mais de souligner ce qui aujourd'hui nourrit le ressentiment contre ce sport, jusqu'à le mettre en danger en remettant en cause ce qui fait sa popularité.

« Tous les grands joueurs français que j'ai entraînés se souviennent de leur premier éducateur... »

« Les champions de demain, c'est vous qui les ferez », lance le slogan de la FFF pour promouvoir le football amateur. « *Il y a bien un type qui a trimballé Zidane à l'arrière de sa voiture pendant des années* », remarque un chargé de mission municipale de région parisienne. Les bénévoles savent qu'ils jouent un grand rôle. Et les pros essaient en général de le leur rendre, comme en témoigne Louis Nicollin, le président du club de Montpellier : « *C'est sympa pour les gamins. Au stade, ils ont du mal à voir les joueurs. Là, ils les ont pour eux !* »

Mais ces méthodes ont des limites. Face à l'argent-roi, les compliments ne suffisent plus. « *Bientôt, il ne suffira plus d'encourager les bénévoles comme on applaudit les coureurs du Tour de France au bord de la route. La Fédération doit prendre d'ici quatre à cinq ans des mesures pour éviter le non-renouvellement des responsables amateurs. Le fossé avec les pros qui roulent sur l'or les décourage déjà* », se plaint Alain Marty, président de l'Entente Castelneau-Le Crès (Hérault), club désigné quatre fois lors des cinq dernières saisons meilleur club de jeunes amateurs de la Ligue Languedoc-Roussillon.

Le directeur technique national (DTN) Aimé Jacquet l'a bien compris. Il a fait de la promotion du monde bénévole son cheval de bataille. « *Le football a bâti sa légende et son histoire sur le football de base. Tous les grands joueurs français que j'ai entraînés se souviennent de leur premier éducateur, de leur premier dirigeant. Aujourd'hui, le monde politique doit aider les associations, pourquoi pas en créant un statut du bénévole* », dit l'ancien sélectionneur national.

Ce statut du bénévole est un vieux serpent de mer. En 1996, déjà, l'association Bénévoles solidaires avait envoyé aux parlementaires une « proposition-réflexion pour un véritable statut du bénévole » pour protéger les dirigeants des petits clubs amateurs soumis de plus en plus à une judiciarisation de leur activité. À l'origine de l'association Bénévoles solidaires, il y a en effet un homme, René Théron-Gabin. Parent de joueur, il avait été désigné « à la courte paille » pour assurer l'arbitrage d'une rencontre. Lors de ce match, un enfant s'était suspendu à la barre transversale d'un but qui se renversa. Grièvement blessé, l'enfant est aujourd'hui tétraplégique. René Théron-Gabin fut, lui, reconnu responsable de l'accident et condamné à douze mois de prison avec sursis. La Fédération, de son côté, écarte tout statut pour le moment, *« parce qu'on ne peut pas trouver de dénominateur commun à tous les bénévoles »*, répondait début 2001 Serge Mésonès, conseiller de la ministre des Sports Marie-George Buffet, ancien joueur de l'AJ Auxerre aujourd'hui disparu.

Les petits clubs n'ont plus l'impression de faire partie du même monde. Mais c'est également le cas d'« autres footballs ». On pense d'abord au football féminin, qui s'estime en manque de reconnaissance, alors qu'il y a de plus en plus de femmes dans les stades (voir entretien). Mais c'est aussi le cas, notamment, du cécifoot, le football pour non-voyants, qui aimerait bénéficier pour se développer des moyens mis à disposition pour le football. Mais s'ils possèdent une équipe de France, les non-voyants n'ont pas encore la chance d'être rattachés à la Fédération française de football (FFF) ; ils le sont à la Fédération française handisport (FFHS). Apparu à la fin des années 1980 en France grâce à l'AS Saint-Mandé, en région parisienne, le cécifoot dispose depuis 1998 de compétitions officielles (Championnat et Coupe de France, disputés par une dizaine de clubs en France), mais qui peinent à se faire connaître puisque les seuls qui en assurent la promotion sont les joueurs eux-mêmes ! Sans parler d'engendrer des recettes similaires à celles des clubs pros, ces disciplines souhaiteraient un peu de moyens. Car, comme pour les supporters, le remplacement des vertus traditionnelles du football par des lois économiques risque de mettre en danger l'amateurisme, qui assure malgré tout la popularité du foot, donc le football lui-même à long terme.

Entretien avec Laurence Dabrainville

" Le football féminin se structure "

Notre " regard sur demain " ne pouvait ignorer le football féminin. Les Venus Williams, Jennifer Capriati et autres Anna Kournikova du ballon rond sont peut-être aujourd'hui dans l'équipe des États-Unis, championne du monde en titre, ou chez les Bleues. Entretien avec Laurence Dabrainville, chargée du football féminin à la FFF.

Parlons de d'abord chiffres. Que représente le football féminin en France ?

« Il y avait 40 000 licenciées en France pour la saison 2000/2001 (dans 1 700 équipes), dont les trois quarts de jeunes entre six et seize ans. Nous sommes au onzième rang mondial, très loin derrière les Etats-Unis. Par comparaison, l'Allemagne, deuxième au nombre de licenciées, compte 770 000 joueuses. Mais l'important est que ces chiffres sont en constante progression. La saison précédente, on dénombrait 5 000 joueuses de moins.

Quelles différences avec le football masculin ?

On pratique le même sport, avec les mêmes règles et le même temps de jeu. Et puis, on joue tous pour la même chose : marquer des buts et gagner. Certains vous diront qu'il n'y a pas lieu de comparer le foot féminin et le foot masculin parce que, bien évidemment, il existe un écart au niveau physique qu'on ne peut pas combler, l'homme est plus fort que la femme.

L'autre grosse différence, c'est quand même que le football féminin n'est pas – encore – professionnel...

Effectivement, les joueuses sont toutes des amateurs, du niveau départemental au niveau national, voire international pour les filles de l'équipe de France. Mais, au niveau international, l'évolution est quand même perceptible. Le positionnement sur le terrain est de moins en moins laissé au hasard et les filles peuvent davantage se libérer de leurs obligations professionnelles.

Le professionnalisme, c'est un objectif ?

Pour le moment, nous sommes exclues du foot pro par la force des choses puisque la Ligue nationale ne gère que les clubs pro. Nous, nous sommes affiliées à la Fédération, chez les amateurs. Mais cela va changer. Pour preuve, à la cérémonie des oscars qui récompense les meilleurs joueurs pro, il y a eu pour la première fois en 2001 une joueuse récompensée : Anne Zenoni, qui évolue à Toulouse, club champion de France en titre, et joueuse de l'équipe de France. À la même cérémonie, pendant la projection d'un reportage sur le football féminin, on entendait des oh ! et des ah !, d'étonnement devant nos prouesses techniques !

Depuis la Coupe du monde, les femmes ont investi les stades. Que manque-t-il pour qu'elles chaussent également davantage les crampons ?

Le problème qui touche le football féminin concerne l'ensemble du sport féminin en France. Notre pays n'a pas de vraie culture sportive. On demande beaucoup aux sportifs, mais on ne leur donne pas les mêmes moyens que dans d'autres pays. On exige immédiatement d'excellents résultats.

Comment les femmes viennent-elles au football ?

Cela dépend de leur âge. Au football, il n'y a pas de discrimination proprement dite. Les moins jeunes, comme moi, ont joué avec des garçons de leur âge lorsqu'elles ont commencé. Sauf qu'on n'avait pas le droit de jouer en mixité. Donc les filles pouvaient s'entraîner avec les garçons, mais pas jouer les matches officiels. C'était très frustrant. C'est comme ça que sont nées les équipes féminines. On a pu assouvir notre passion. Dans d'autres cas, c'est le football qui vient à elles. Dans une famille très sportive, dans une ville où il y a un engouement particulier, comme à Saint-Étienne ou à Marseille, tout le monde est touché, que l'on soit fille ou garçon. »

Chapitre 3
La magie du football

Le terrain. Tout amateur de football qui se respecte y reviendra toujours. On peut râler sans cesse contre les joueurs qui changent chaque année de maillot. On peut toujours décrier cette télévision qui dénature le jeu ou hurler contre ces Coupes européennes qui, à chaque nouveau lifting, oublient un peu plus le sport pour remplir le tiroir-caisse.

Finalement, on y revient toujours. Aux dix-sept lois du jeu, immuables depuis plus d'un siècle. Aux 453 grammes d'un ballon de foot rond comme la Terre et aux 7,32 mètres d'une ligne de but si petite et si grande à la fois. À ces deux têtes rageuses de Zinedine Zidane en finale de la Coupe du monde face au Brésil, dix-huit ans après ce tir au but manqué par Maxime Bossis face à l'Allemagne de l'Ouest à Séville.

Sociologues du sport, Patrick Mignon et Christian Bromberger soulignent que le foot restera le foot à une condition : tant que la logique sportive, celle qui autorise tous les exploits, donc tous les rêves, sera préservée. Le problème, c'est que cette logique sportive contrecarre les lois libérales qui règnent aujourd'hui sur le monde du ballon rond. Dans le sport, ce n'est pas forcément le plus gros qui gagne, ni le plus riche. Une vérité que le football moderne aimerait bien gommer, ou du moins atténuer.

Les dirigeants des clubs les plus riches ont trouvé une solution (que l'UEFA a mise en pratique avec la Ligue des champions) : limiter les « dégâts collatéraux » du sport en réduisant le poids de la défaite (on peut aujourd'hui perdre – un peu – et gagner quand même, plus tard). Mais les « consommateurs » aiment le football pour le sport, le spectacle, pas simplement pour le plaisir de donner de l'argent à leur club favori et ils préfèrent sans doute l'intensité d'un match retour couperet à la routine d'un match de poules. La télévision alimente pour le moment les caisses parce que le téléspectateur est présent. Mais quand auront eu lieu dix fois de suite les mêmes demi-finales (avec Manchester, le Real, le Bayern et un club italien), le téléspectateur sera-t-il toujours présent ? Pas sûr, surtout si ledit téléspectateur n'est pas supporter desdits clubs…

Ce qui pourrait sauver le ballon rond tient donc en cette petite chose, cette flamme que nous appellerons la magie du football. Mais qu'est-ce donc que cette magie, ce qui dans le football nous fait encore vibrer ?

Tout d'abord, un aspect essentiel : le football est un jeu. Un jeu simple, qui plus est. Tout le monde connaît au moins les grandes bases des règles du football. Depuis toujours, on ne joue qu'au pied. Le premier code des lois (14 lois), établi en 1863, année de naissance de la Football Association, la Fédération anglaise de football, dans une taverne enfumée de Londres, entérine les quatorze premières lois du jeu (*L'Encyclopédie du sport,* éditée par Eurosport). Il ne faut pas sortir de la zone délimitée, sinon, il y a touche, et l'objectif, c'est d'envoyer le ballon dans les buts du camp adverse. Des règles simples et en plus universelles, qu'on s'appelle Zidane ou autre. La magie du jeu est là.

Et puis, qu'importe le terrain, pourvu qu'on ait l'ivresse ! Un morceau de rue, un terrain vague comme les copains du *Petit Nicolas* de Goscinny, une pelouse le dimanche en famille, pas besoin d'aller sur un « vrai » terrain pour jouer au football. Et tout fait office de ballon. Les gamins des *favelas* de Rio de Janeiro jouent avec des boules de papier, d'autres avec des balles de tennis ou des bouteilles en plastique, l'important, c'est que l'objet soit à peu près rond. Quant aux « cages », un blouson jeté par terre sur une cour de récré désignera très bien le domaine réservé du goal, une impasse, deux poubelles. Maradona et Ronaldo, enfants, ont bien marqué leurs premiers buts dans la rue.

Lorsque l'on joue au foot, pas besoin d'être onze. Que l'on soit quatre, cinq ou sept, c'est la même émulation qui fonctionne. La même envie de briller devant les autres et de se prouver dans les bons jours que l'on a sa place dans le groupe d'amis.

Et du jeu au sport, il n'y a finalement qu'un pas. Charme qui n'est pas donné à toutes les disciplines. Patrick Mignon, dans *La Passion du football,* affirme que ce sport *« ne suppose pas comme le rugby ou le basket des dispositions physiques spéciales, les petits n'y sont pas fortement pénalisés ».* N'oublions pas que le grand Maradona mesure moins d'un mètre soixante-dix !

L'auteur relève également que le football fait appel à beaucoup de qualités, tant morales que physiques : la force pour se faire respecter, le réflexe pour stopper le ballon à temps, l'endurance, des qualités intellectuelles pour déployer une tactique de jeu. Chacun peut donc trouver sa place, et mettre en avant une de ces qualités.

Cette simplicité du jeu permet à chaque spectateur de se reconnaître dans un match de football. *« Quand le gardien arrête un penalty,*

> « Le match de foot est un drame digne des plus grandes tragédies. »

c'est le spectateur qui arrête le penalty », résume Jean-Pierre Hureau. Patrick Mignon remarque, lui, que la première question que les journalistes posent à un joueur après un match, c'est : « Qu'avez-vous ressenti au moment où... ? » On attend des joueurs qu'ils nous fournissent de l'émotion par procuration, qu'ils nous fassent vivre ce qu'ils vivent eux-mêmes.

Surtout, le football s'appuie sur un ressort puissant : la tension dramatique. Le match de foot est un drame digne des plus grandes tragédies. Comme les gladiateurs, les joueurs saluent en entrant le public pour lequel ils vont se mesurer. Comme dans les tragédies, dans certaines pièces de théâtre, le spectacle respecte l'unité de lieu, de temps et d'action. À la différence près qu'un *Cyrano de Bergerac* ressemblera toujours plus au moins à un autre *Cyrano de Bergerac* (Roxane aime Christian qui meurt à la guerre et Cyrano meurt le sabre à la main dans les bras de sa cousine), alors qu'un France-Brésil ne ressemblera jamais à un autre France-Brésil.

Le texte n'est jamais écrit à l'avance. Lorsque l'arbitre siffle le début du match, nul ne sait quel sera le résultat quatre-vingt-dix minutes plus tard. Ce suspense est l'une des clés du succès du football. Car il est sans doute plus fort que dans d'autres sports, où les qualités physiques (basket, rugby, tennis) sont prédominantes. Il explique la recherche d'émotion, *the quest for excitement* selon l'expression de Norbert Elias [1], propre au public de ces matches.

Pour alimenter ce suspense, le football a également la force de multiplier les péripéties. Entre une heure et demie de match de foot et une heure et demie de Formule 1, le football proposera de multiples rebondissements alors que le charme de l'automobile se résumera à deux ou trois sorties de route et aux arrêts aux stands. « *Par les épisodes malheureux ou injustes* [que le jeu] *met en scène*, relève Christian Bromberger [2], *un match ou un championnat participe de la tragédie : les défaites* in extremis *contre toute attente, les penalties injustifiés, les blessures.* »

À travers la planète, que l'on soit à Johannesburg ou à São Paulo,

---

1. N. Elias et E. Dunning, *Quest for excitement. Sport ans Leisure in the Civilizing process*, Oxford, Basil Blackwell, 1986.
2. C. Bromberger, *Football, la bagatelle la plus sérieuse du monde*, éditions Bayard, 1998.

à Turin ou à Berlin, le football est un langage universel qui se parle avec les pieds.

Avec tous ses rebondissements, le football, c'est la vie. C'est face aux difficultés, aux coups du sort que se révèlent les ressources morales et la force de caractère des acteurs. Le football nous parle parce qu'on y retrouve un peu de sa propre vie. Les commentaires font partie du jeu. *« Tout le monde peut parler du football, parce que tout le monde semble s'y connaitre »*, reconnaît Jean-Pierre Hureau.

Ce langage universel qu'est le jeu football se retrouve à travers le sport football. Revenons aux origines du sport. L'ancêtre du football et du rugby s'appelait la soule. Pratiquée dans les campagnes, la soule opposait les jeunes gens de deux villages, sans délimitation du nombre de joueurs, et selon la règle du tout-permis. Le but étant de déposer un sac dans le village adverse (voir *La Balle au pied. Histoire du football* d'Alfred Wahl). La violence du jeu a fait intervenir très tôt les autorités de l'époque (Église et pouvoir royal) pour tenter de le régulariser. Ainsi la soule est devenue ce défoulement canalisé, cette échappatoire où les petites inimitiés et les grandes haines se réglaient au coin du bois, entre deux mêlées générales.

Les mains ont peu à peu été interdites jusqu'à la scission franche avec le rugby, au XIXe siècle en Grande-Bretagne. Avec le développement de la démocratie (Révolution française, parlementarisme anglais), l'État est devenu le détenteur du monopole de la violence légale, c'est-à-dire que lui seul peut utiliser la violence par le biais de l'armée, de la police, de la justice. Les règlements de comptes entre habitants de villages rivaux ont donc été bannis. Le football moderne, entre gens « civilisés », pouvait naître.

Les jeunes garçons aisés des *public schools* britanniques ont été incités à jouer au football, pour cultiver un esprit sain dans un corps sain, et également parce que le sport est apparu comme un moyen pratique d'enseigner l'esprit d'équipe et l'importance des règles. Alors que la « soule » était le défouloir d'une société corsetée, le football apparaissait comme le moment où l'on apprend la loi.

De nos jours, le football cristallise d'autres grands enjeux. Ce sport défend l'ambition d'une société fondée sur le mérite. Que d'espoirs pour les gamins des *favelas* de Rio lorsqu'ils regardent jouer Ronaldo ! Et si ces joueurs les fascinent, qu'ils s'appellent Zinedine Zidane, issu du milieu populaire de Marseille, Youri Djorkaeff, fils d'un émigré arménien, ou Nicolas Anelka, dont l'enfance a eu pour horizon les barres HLM de Trappes, dans la banlieue parisienne, c'est qu'ils ont la certitude qu'ils ne doivent leur statut de « vedettes mondiales, riches et célèbres » qu'à leur talent. Avec ces joueurs, la société entretient l'illusion d'une certaine méritocratie et nombreux sont ceux qui sont tentés d'y croire.

L'autre grand espoir soulevé par une équipe de football, c'est justement qu'il s'agit d'une équipe. Onze joueurs qui doivent travailler pour les couleurs de leur entreprise. Ce fameux « collectif » qui, lorsqu'il ne fonctionne pas bien, explique bien des défaites. « *On gagne ensemble, on perd ensemble* », répètent les éducateurs dans chaque école de football du monde. Ainsi, lorsque la petite équipe de football amateur de Calais (alors en Championnat de France amateur, l'équivalent de la quatrième division) accède à la finale de la Coupe de France en mai 2000, la France applaudit la puissance d'un petit David collectif face au gros Goliath des équipes artificielles. Et même après la défaite contre les « Canaris » nantais (1-2), les médias ont consacré bien plus de reportages à la déception des Calaisiens qu'à la joie des Nantais.

Calais, *« c'est l'impossible réalisé, mais le possible en foot »*, comme l'explique Jean-Pierre Hureau. Pour lui, une seule explication à ce parcours exceptionnel : le collectif. Car le collectif *« permet d'ajouter de la valeur »*. *« Si chacun fait un peu plus, le petit club est meilleur que ce qu'il est individualité par individualité,* poursuit Jean-Pierre Hureau. *À l'inverse, dans le grand club, chaque joueur en fait un peu moins, entraînant une moins-value collective qui peut faire que tous les niveaux se rapprochent* ».

Ce que l'ancien président havrais ne dit pas, pas plus que nombre de médias qui ont tendance parfois à surévaluer « l'exploit » pour entretenir l'illusion, c'est que si Calais a atteint la finale, c'est, aussi, parce que les clubs de l'élite ne jouent pas la Coupe avec autant de cœur qu'ils pouvaient la jouer il y a encore quelques années. Derrière l'irrationnel, il y aussi parfois des raisons très terre-à-terre. La Coupe de France est désormais devenue pour un club de première division le plus long – et le plus aléatoire – chemin vers une Coupe d'Europe. Une place parmi les sept ou huit premiers du Championnat offre en effet la Ligue des champions, la Coupe de l'UEFA ou l'Intertoto. Une autre compétition, la Coupe de la Ligue, réservée aux clubs professionnels, permet également de se qualifier pour la Coupe de l'UEFA. D'où un relatif désintérêt pour la Coupe de France.

Entre 1999 et 2001, Sedan (alors en deuxième division), Calais, Strasbourg (première division mais relégué en deuxième division la même saison) et Amiens (national, l'équivalent de la troisième division) ont atteint la finale de la Coupe de France ! Cela ne minimise pas l'exploit calaisien mais peut expliquer pourquoi cela s'est produit en 2000 et pas quinze ou vingt ans plus tôt, quand les places européennes étaient plus chères (quatre ou cinq qualifiés maximum).

Calais, au-delà de la performance authentique, a montré à quel point la société cherche dans le football des vérités sur le monde d'aujourd'hui. Pour reprendre l'exemple de Calais, les médias ont certes relevé que les Nordistes étaient les premiers amateurs à atteindre la finale, mais ils ont surtout insisté sur la fierté retrouvée d'une région économiquement dévastée. Car une équipe, un club, c'est avant tout le symbole vivant d'un quartier (Arsenal), d'une ville (Marseille, Liverpool),voire d'une région (Lens, Saint-Étienne, Barcelone, Athletic Bilbao) et d'un pays. Symbole au sens propre, le club, c'est la ville qui joue. Ainsi le processus d'identification, qui se produit à travers le jeu lui-même parce qu'on sait jouer soi-même, a lieu également à travers le club et l'équipe.

Comme les villageois défendaient l'honneur de leur village lors de la traditionnelle partie de soule, les supporters soutiennent leur club tout simplement parce que c'est chez eux. Mais ils peuvent également défendre les valeurs de l'équipe. On pense aux Pays-Bas des années 1970, emmenés par Johann Cryuff et le *« football total »*, *« un football de gauche, social »* selon le sociologue Jean-Marie Brohm. On aime une équipe parce que l'on pense qu'elle incarne nos idées, voire nos idéaux. On peut aimer l'OM pour son caractère populaire, Saint-Étienne pour son passé, Nantes pour son beau jeu. Dans le Championnat de France, les matches les plus surveillés et les plus suivis au Parc des Princes sont ceux qui opposent le PSG à l'OM. Paris contre la Province, le Nord contre le Sud, les stars contre les « Minots » et, surtout, le jeune club créé en 1970 contre le plus titré des clubs français : lors de ces rencontres, ce ne sont plus deux équipes, mais deux France qui s'affrontent, deux cultures.

Il ne faut pas croire pour autant que les clubs attirent un public homogène. Les clubs permettent aussi les rencontres entre supporters aux aspirations bien différentes, car chacun peut trouver dans une équipe de football les symboles qu'il cherche. Prenons l'exemple de l'équipe de France. Sacrés champions du monde en 1998, les Bleus incarnent l'image d'une France intégrée et fière de sa diversité, de ses couleurs « black, blanc, beur ». Mais d'autres, selon Patrick Mignon, *« s'en moquaient royalement, ça les ennuyait même pour certains, mais ils étaient très contents que la France ait gagné »*. L'équipe de France mélange ceux qui aiment les Bleus parce que c'est la France, ceux qui les aiment parce qu'ils gagnent, ceux qui les aiment parce qu'ils jouent bien, ceux qui les aiment parce qu'il y a tel joueur (Barthez, Zidane ou Henry), etc.

Voilà ce football qui depuis plus de cent ans passionne une planète entière (37 milliards de téléspectateurs cumulés lors de la Coupe du monde 1998 et plus de deux cents pays affiliés à la FIFA). Le football moderne, distillé par échantillons par les instances du football mondial et européen sous la pression des clubs les plus riches, nous montre pourtant ce qui pourrait faire tant de mal : supprimer l'émotion, briser l'identification, abolir les lois sportives.

Quelle émotion à suivre les premiers matches de Ligue des champions ? Qui se souvient du premier match du Real Madrid ou de Manchester United ? L'identification. Le professeur d'économie Jean-François Bourg raconte comment Wimbledon, un club de Londres, avait demandé à jouer ces matches en Irlande tout en restant inclus dans le Championnat anglais. Le club espérait ainsi quitter une ville surchargée en clubs (une dizaine, dont les prestigieux Arsenal, Chelsea ou Tottenham) et attirer des Irlandais peu habitués aux grands rendez-vous. L'UEFA a heureusement refusé. Mais jusqu'à quand les clubs riches se plieront-ils aux injonctions des instances sportives ? Cela fait bien longtemps que la NBA américaine autorise ses clubs franchisés à changer de ville... Quant à abolir les lois sportives, la Ligue des champions est en bonne voie. Heureusement qu'il existe encore des éliminations directes. Bientôt, tous les clubs joueront le même nombre de rencontres et tout le monde sera content, sauf peut-être les supporters.

Cette foule de supporters qui fait vivre le football... Qui sont-ils ? Dans la vieille Europe, les samedi après-midi, samedi soir, et dimanche après-midi rassemblent dans les stades anglais, français, allemands et italiens des millions d'adeptes du ballon rond. Ils pratiquent le jeu à leur niveau sur une pelouse du quartier, mais surtout ils sont supporters de leur équipe, ils portent ses couleurs et ne vivent que pour la voir gagner.

Une passion qui peut être difficile à comprendre lorsque l'on s'arrête aux images véhiculées par la télévision de supporters armés de fumigènes et brandissant des banderoles racistes, et déchaînés contre les forces de l'ordre. Certains supporters se comportent ainsi. Mais dans leur grande majorité, ce ne sont pas eux qui font chanter les stades. Portrait d'un supporter type.

Il a été au stade, un jour avec son père. Son père n'était pas bien riche, mais, pour lui acheter les places les moins chères au stade pour regarder son équipe fétiche jouer, ce n'était pas de l'argent gaspillé. Un jour, donc, ils y sont allés tous les deux, dans ce stade de la banlieue lilloise. Sa mère est restée dans leur modeste logis, un petit sourire attendri au coin des lèvres. Pour l'occasion, son père lui avait acheté une écharpe aux couleurs de l'équipe, aux couleurs du Lille Star. Une vraie écharpe de supporter, comme celle de son père, que l'on peut tendre entre ses deux mains et agiter furieusement comme un lasso. Ils se sont assis dans les tribunes, et son père y avait retrouvé des amis de son père. Leur tribune n'était pas parmi les plus agitées, les hommes regardaient le match d'un œil mûr, loin des cris des tribunes plus jeunes du virage. Ce jour-là, l'équipe l'avait emporté 2-1 contre Lens et longtemps la joie de son père lui est restée en mémoire, tout comme l'analyse qui a suivi durant tout le repas. Plus tard, il est devenu lui-même un fervent supporter du Lille Star. Mais avec sa bande d'amis, il a choisi d'aller plutôt dans les tribunes du virage, plus animées, où l'on peut crier tant que l'on veut sans se le faire reprocher. Et puis il s'est assagi, a fondé son foyer, et a attendu avec impatience de pouvoir emmener son fils au stade, pour l'initier et lui apprendre à chanter : « Qui c'est les plus forts ? Évidemment c'est ceux du Lille Star ». Mais cette fois-ci il ira rejoindre son père dans l'autre tribune. Ces jeunes, ils sont quand même un peu agités…

«« Les moins de trente-cinq ans forment en moyenne 70 % de l'assistance »»

Car notre supporter type est avant tout un homme, plutôt jeune. *« Les moins de trente-cinq ans forment en moyenne 70 % de l'assistance »*, relève Christian Bromberger. Les hommes sont encore largement majoritaires dans les stades ; pourtant, depuis la Coupe du monde 1998, le public se féminise de plus en plus. La Fédération française a adopté un programme pour la période 2001-2004 ayant pour but de faire venir plus de femmes au sein des équipes féminines. Une douce utopie ? Certainement pas, car malgré de nombreux ricanements virils, de plus en plus de femmes non seulement viennent dans les stades regarder, mais en plus jouent avec leurs pieds ! Déjà, l'année 2001 a compté environ 5 000 licenciées supplémentaires sur les 40 000 licenciées en France. Et, au regard de l'Allemagne et de ses 770 000 licenciées, on peut s'attendre à une vague de féminité sur les terrains dans les années à venir.

Les supporters sont en général plutôt jeunes, car la vraie passion du club frappe dans la première vingtaine d'années de la vie. *« La passion du supporter repose sur un coup de foudre. Le club s'impose au supporter de* football, explique Philippe Broussard. *Les couleurs s'imposent à lui. »*

Le propre du supporter de foot, c'est de ne pas limiter cette passion à l'enceinte du stade. Il vit pour son équipe au quotidien. *« Un supporter de foot, c'est quelqu'un qui le lundi matin lorsqu'il va travailler, où tout le monde sait qu'il soutient le PSG et que le PSG a perdu, se fait chambrer toute la journée. Un autre jour Marseille va perdre, et alors il va pouvoir redresser la tête et chambrer à son tour les collègues. C'est une forme d'existence par procuration »*, explique Philippe Broussard.

Et quel meilleur bonheur que le bonheur partagé ? Car être supporter, c'est entrer dans une famille, en quelque sorte.

Avec ses joies et ses peines, au gré des victoires et des défaites. Car les « vrais » supporters éprouvent pour leur club un attachement qui va au-delà des résultats. L'OM a fait une saison désastreuse lors de l'année 2000-2001, mais les supporters étaient toujours là, très présents. Prêts à faire entendre leur voix pour donner au club ceux qu'ils considèrent comme les meilleurs dirigeants. Comme dans une famille, les supporters attendent des joueurs qu'ils montrent un certain attachement à leur équipe. C'est pourquoi Nicolas Anelka était très peu populaire parmi la famille PSG. Trop intéressé par le gain, pas assez par l'équipe pour qui il joue, le public supporte mal les « mercenaires » du ballon rond.

En cas de coup dur, relégation en D2, arbitrage « injuste », la famille est prête à montrer avec force son soutien. C'est ce qui compte lors des « tifos », déplacements en nombre de supporters pour aller assister à un match à l'extérieur. Dans les rues, dans les bars, les rues de la ville visitée s'emplissent de l'écho des chants partisans. Et rien, même pas la perspective de passer seize heures dans un bus de nuit, ne les empêchera d'aller soutenir leurs joueurs. Car là est bien la clé d'une bonne équipe. Meilleurs sont les résultats, plus nombreux seront les supporters : c'est ainsi que le stade Saint-Symphorien de Metz s'est agrandi d'une aile supplémentaire lorsque l'équipe était en tête du Championnat français au printemps 1998. Et les joueurs le disent, sur la pelouse ils entendent les tambours de leur public, leurs cris d'encouragement les galvanisent, les encouragent à gagner. La *ola* de la foule et l'ambiance sont le douzième homme de l'équipe.

Conscients de leur importance, les supporters se sont organisés. En club, en section, ils ont fait du supportérisme un véritable métier. Une seule équipe de foot peut compter plusieurs clubs de supporters différents (jusqu'à huit pour l'OM, dix-huit pour le PSG), et même plusieurs centaines en Italie, par exemple : à peu près 1 350 sections différentes pour le Milan AC. À la vue de ces stades enflammés, de ces couleurs qui ont l'air de disputer leur propre match, les troupes de supporters font penser à de véritables tribus. Car, pour se sentir supporter et lire dans le regard des autres que l'on en est, il faut montrer que l'on appartient au clan. Les meilleurs armes du supporter sont son écharpe et son maillot. Aux couleurs de son équipe. Rouge et or pour Lens, vert pour Saint-Étienne d'où le surnom de « chaudron vert » qui fut donné au stade Geoffroy-Guichard de Saint-Étienne, blanc et bleu pour l'OM orné de la devise « Droit au but » , les « Canaris » nantais sont habillés de... jaune. Rien n'est de trop pour montrer de quel côté l'on est. Et les visages peints aux couleurs du club font penser à des masques guerriers.

« L'ambiance dans les stades est chaude, conviviale... »

D'ailleurs les supporters ont leur territoire. Les ultras, supporters jeunes et très motivés, n'iront pas dans n'importe quelle tribune au Parc des Princes, par exemple. Ils iront à Boulogne ou à Auteuil et encore, ces deux virages ne regroupent pas tout à fait la même population. Celle de Boulogne étant, dit-on, la plus vivante, mais également celle qui s'est beaucoup fait connaître pour ses slogans racistes.

L'ambiance dans les stades est chaude, conviviale ; chacun est pour son équipe, mais la guerre est plus sonore qu'autre chose et ce sont surtout les joueurs qui s'affrontent. Pourtant, si l'image véhiculée aujourd'hui serait plutôt celle d'une violence incontrôlée, faisant des blessés au mépris de l'esprit du sport, c'est qu'un groupe marginal de supporters agit à l'encontre de la majorité plutôt pacifique. Au printemps 2001, de violents affrontements surgissent entre les supporters du PSG et ceux de l'équipe turque du Galatasaray, faisant revenir les *hooligans* en première page. Pourtant, les *hooligans* ont fait beaucoup plus parler d'eux au début et au milieu des années 1990. *« Les incidents dans les tribunes sont plus rares,* admet Philippe Broussard, *mais c'est parce que depuis dix ans les incidents se déplacent à l'extérieur des stades, là où il n'y a ni la police ni les journalistes. »* Ces supporters ont trouvé dans leur passion pour le football le moyen de s'exprimer, de se prouver qu'ils existent par le biais d'une certaine violence. *« Ils vien-*

nent pour le match en lui-même et pour le match en dehors du terrain, celui des tribunes contre les supporters adverses ou, à défaut, la police. Cette fascination pour la violence ritualisée, organisée, est vécue de semaine en semaine comme une aventure. Ils sont excités, exaltés à l'idée de provoquer des incidents. »

Les *hooligans* ont beaucoup contribué à donner une image faussée des supporters. Ce serait dommage de s'y arrêter. Car la grande majorité de spectateurs partisans est pacifique. Ils aiment le football, leur équipe, parce qu'ils aiment le sport. Ils sont les premiers à déplorer ces incidents. Ils continuent de venir pour partager cet instant de bonheur : lorsque l'un des joueurs centre, que son coéquipier a compris la manœuvre et que, idéalement placé, il tente de marquer. Ils continuent de venir pour sentir leur poitrine cesser de battre l'espace de ce dixième de seconde nécessaire pour savoir si le ballon est entré dans la cage. Ils continuent de venir pour pouvoir ensuite hurler leur bonheur lorsque, enfin, le but est marqué et que la semaine à venir va être meilleure au travail et à la maison.

Un regard sur ces supporters, habités par le football. Revenir sur le terrain de l'émotion, et le terrain tout court, voilà ce qui pourrait être une conclusion en forme de souhait pour ce dossier. Pour que la magie perdure.

Perspectives

Amateurs/pros, où est la frontière ?

Mai 2000, finale de la Coupe de France au Stade de France. Calais, équipe du Championnat de France amateur (CFA) affronte le FC Nantes, une équipe de première division. Toute la France, encouragée, il est vrai, par les propos de l'entraîneur nordiste Ladislas Lozano qui ne dédaigne pas d'accorder de larges entretiens aux médias où il fustige le professionnalisme à la française, se passionne pour cette confrontation entre football professionnel, celui de l'argent et des magouilles, et football amateur, paré de toutes les vertus.

Pourtant, les différences ne sont pas si grandes. Côté calaisien, la plupart des membres de l'équipe sont d'anciens élèves de sport-études qui ont connu les centres de formation de clubs pros mais ont été recalés. De plus, beaucoup ont obtenu un emploi fourni par le club pour accepter de venir jouer dans cette équipe. En face, la plupart des joueurs nantais sont également issus des centres de formation et ont quasiment le même âge. Ahamada, qui a contribué à la qualification des Nantais, est lui-même un habitué du CFA. Éric Carrière, numéro 10 des « Canaris », évoluait quelques années auparavant dans une équipe amateur dans le sud de la France. Vaillants, les Calaisiens ont battu auparavant le RC Strasbourg

(D1) et les Girondins de Bordeaux (D1) avant de s'incliner de justesse face aux Nantais (2-1).

Dans un football archipopulaire, comptant plus de deux millions de licenciés pour un petit millier de joueurs professionnels (en première et deuxième division ainsi que certains en National), il n'est pas évident de distinguer la frontière entre professionnels et amateurs. Beaucoup plus de joueurs qu'avant touchent de l'argent pour pratiquer le football, que ce soit *via* les primes de match ou *via* un emploi fourni par le club (voire assuré par le club comme dans l'encadrement technique) pour jouer au football.

Certes, les valeureux Calaisiens ne touchaient pas des mille et des cents et il n'était pas question pour eux de marchander leur image. Mais combien de joueurs professionnels, évoluant à Ajaccio, Angers ou Mulhouse, sont dans le même cas ? Des centaines. Tout le monde ne s'appelle pas Zidane. Tous les professionnels ne sont pas des millionnaires gâtés. Tous les amateurs ne sont pas désintéressés.

Et la tactique dans tout ça ?

Aujourd'hui, on parle moins de feuilles de match que de feuilles de paie et moins de tactique de jeu que de techniques de vente. Zinedine Zidane gagne 305 000 euros (deux millions de francs) par mois, cela, tout le monde le sait. Mais est-il gaucher, droitier ? Quel est son côté préféré pour tirer ? Son point fort, son point faible ? Cela, on le sait moins. L'époque où le football total des Pays-Bas ou le *catenaccio* à l'italienne semblaient bien plus essentiels que le salaire de tel ou tel joueur ou le montant des droits télévisuels de telle compétition semble révolue. Pourtant, hier comme aujourd'hui, le football, c'est avant tout cela.

Si le Paris Saint-Germain échoue régulièrement à décrocher le titre de champion de France malgré de forts investissements, c'est certes parce que Philippe Bergeroo, puis Luis Fernandez n'ont pas su créer de cohésion entre Nicolas Anelka, Augustine Okocha, Frédéric Déhu ou Ali Benarbia. Mais c'est également parce que Laurent Perpère, le président du club, a sans doute consacré davantage d'énergie, lors des intersaisons, au marketing (nouveaux maillots, location des loges, concept de l'équipe-banlieue, etc.) qu'à la composition de son équipe. Si les Parisiens avaient acheté des défenseurs au lieu de multiplier les talents au milieu du terrain et en attaque, cela se serait sûrement senti. Hélas ! Les défenseurs sont souvent moins porteurs, en termes d'image, que les attaquants.

Car le football moderne nécessite une base défensive très solide. La leçon italienne des années 1980 et du début des années 1990, où le football transalpin brillait sur la scène européenne, a porté. La solidité défensive est privilégiée et le jeu offensif comme pouvaient le pratiquer les Britanniques a aujourd'hui disparu. Même les équipes anglaises jouent aujourd'hui à la continentale, avec un jeu à terre et une grande densité au milieu du terrain.

Le secteur de la récupération du ballon au milieu du terrain a notamment pris une très grande importance, comme le montre la domination des Bleus, qui évoluent régulièrement avec trois milieux récupérateurs, au niveau international depuis 1998. La montée en puissance d'un joueur comme Patrick Vieira, que beaucoup d'observateurs considèrent comme l'archétype du joueur de demain, puissant, physique, mais également bon relanceur et bon frappeur, est à cet égard symptomatique.

Quelle diffusion pour les matches de football ?

Le développement des bouquets satellites et l'explosion du nombre de chaînes ont multiplié le nombre de rencontres diffusées. Avec la quantité, s'est également développée la qualité. Aujourd'hui, les chaînes de télévision développent l'interactivité. Avec le kiosque, le téléspectateur (abonné évidemment) choisit désormais s'il veut voir une rencontre seulement ou l'ensemble des matches d'une journée de championnat. Il a également accès à la plupart des championnats européens.

On peut évidemment s'attendre à ce que l'interactivité se développe jusqu'à ce que le téléspectateur puisse choisir ses images, selon qu'il préfère voir la rencontre du haut du terrain, du bord, des loges, etc., comme cela peut déjà se faire lors des retransmissions de compétitions de Formule 1. Comme on peut choisir de voir une caméra embarquée à bord d'une monoplace, pourquoi ne pas imaginer que les joueurs porteront désormais une caméra et un micro miniaturisés installés sur le maillot, au-dessus de l'oreille ou sur un bandeau ? Lors des penalties, on a déjà une caméra installée dans les filets. Là, on pourra choisir de voir l'action d'après le regard du gardien de but ou de celui de l'attaquant. Impossible ? Allons donc ! Contre une grosse prime de match, quel joueur refuserait de se prêter à l'exercice ?

Rien ne semble devoir arrêter la prise de pouvoir de la télévision dans le football. Ce pouvoir serait d'autant plus grand si le vidéo arbitrage devait voir le jour. Car les moyens utilisés seraient sans aucun doute ceux des chaînes.

La FIFA, l'UEFA ou encore la Ligue nationale de football (LNF) ne vont sans doute pas investir dans du matériel (neuf ou dix stades de première division à équiper). Mais alors, où est la morale du jeu, si la télé paie pour le spectacle, le diffuse, possède des clubs (Lyon avec Pathé, Bordeaux avec M6, PSG avec Canal +) et va jusqu'à arbitrer les rencontres ?

Lors des rencontres du Championnat anglais, la BBC a déjà mis au point des nouveautés techniques. Par exemple, lors d'un hors-jeu, un petit drapeau apparaît sur l'écran. La télé impose sa vision. Imaginez que l'arbitre de touche signale effectivement un hors-jeu, mais que l'arbitre de champ – c'est son droit – estime quant à lui que l'action peut continuer (sur un hors-jeu de position, par exemple) : quel poids aura la décision de l'arbitre face aux millions, voire aux milliards de téléspectateurs, qui auront vu le drapeau sur l'écran et pour qui il y a effectivement hors-jeu ?

La concurrence d'Internet, une fois que les moyens techniques et le nombre des internautes seront à même de faire aussi bien que la télévision, risque également d'encourager la fuite en avant de la télévision dont les contributions au football devraient continuer à grimper irrésistiblement... Du moins, tant qu'il y aura des téléspectateurs.

Conclusion

2002, première Coupe du monde en Asie. Le football, langage universel, poursuit sa mondialisation. Mais la Coupe du monde a commencé bien avant dans de nombreux pays, avec la répartition des droits de diffusion orchestrée par l'Allemand Leo Kirch. Car sans diffusion, pas de Coupe du monde.

En France, la chaîne de télévision privée TF1 a déboursé plus de 168 millions d'euros (1 milliard de francs) pour obtenir les droits exclusifs pour la Coupe du monde 2002 et vingt-quatre matches de la suivante, en 2006 en Allemagne. Un milliard de francs !

Pire, le groupe Kirch, qui aurait lui-même acquis les droits auprès de la FIFA pour près de 2 milliards d'euros, a exigé également que les radios paient pour diffuser, accordant en France les droits à RMC Info au détriment des grandes chaînes généralistes que sont Europe 1, RTL ou France Inter. À quand le tour de la presse écrite ?

Quand les médias sont prêts à verser de telles sommes pour diffuser des matches, quoi de plus normal que les clubs et les joueurs veuillent leur part du gâteau ?

Que l'argent soit là n'est pas nuisible, loin de là. *« Le football a besoin de locomotives »*, a reconnu dans ces pages Jean-Pierre Hureau. Pour faire connaître ce sport, le diffuser. Que les joueurs puissent se déplacer dans les clubs qu'ils souhaitent est loin d'être négatif. Cela permet au football – qui s'est depuis toujours fait connaître par le déplacement des joueurs – de toucher des gens. Bixente Lizarazu, en signant en Allemagne au Bayern Munich, aura fait beaucoup de bien à l'image de ce pays en France, seulement associé jusque-là à une double élimination de la France en demi-finale de la Coupe du monde (1982 puis 1986). Que la télévision montre beaucoup de football est superbe. Et nous en redemandons. Quel plaisir de pouvoir voir beaucoup de matches et de ne rien manquer des actions !

Mais voilà. Quand l'argent estime pouvoir se passer des lois sportives en créant sa propre Coupe européenne d'où sont exclus ceux qui n'en ont pas suffisamment, quand bien même certains clubs seraient les meilleurs de leur Championnat national ; quand le déplacement des joueurs se fait sans aucun respect des contrats, de la parole donnée ou du respect de sa formation passée ; quand la télévision impose ses horaires, accable les arbitres en repassant dix fois l'erreur commise sans jamais remontrer la bonne décision ou tronque les matches pour diffuser des annonces publicitaires, l'équilibre est rompu. Et ce qui nourrit le plaisir de voir du football est atténué.

Le salon Foot-Expo, en janvier 2002 à Cannes, rendez-vous incontournable de tous les acteurs du football, a mis en évidence le désir des grands clubs, regroupés dans le G 14, de mettre en œuvre dans le football européen les principales mesures des ligues américaines professionnelles, notamment la NBA (basket-ball) ou la LNH (hockey sur glace). Ces ligues se caractérisent par la disparition des critères sportifs puisque la base de la participation aux compétitions est financière (avec l'achat d'une franchise comme on le fait pour une marque) et non pas sportive (il y a ni accession ni relégation). Les équipes sont assurées de disputer un nombre minimum de matches très élevé. En contrepartie, les salaires sont plafonnés. Les grands clubs européens, qui ont obtenu le maintien de la Ligue des champions dans son format actuel, rêvent d'une Ligue professionnelle européenne.

Jusqu'ici, l'UEFA a toujours cherché à ménager les deux parties (grands clubs d'une part, spectateurs de l'autre), aboutissant à une certaine hypocrisie en maintenant des compétitions sportives qui, en fait, se disputent entre grands clubs. La période de *statu quo* de trois années décidée début 2002 ne fait que repousser l'heure du choix.

Nous remercions encore Jean-François Bourg, Jean-Marie Brohm, Philippe Mignon, Christian Bromberger, Laurence Dabrainville, Jean-Marc Bosman, Jean-Pierre Hureau, Louis Nicollin, Céline Ravarino et Philippe Broussard de nous avoir reçus pour nous confier leurs idées et leurs regards. Nous remercions également le journal l'Équipe, *source évidemment inépuisable d'informations sportives. Ainsi que tous les journaux et les personnes que nous avons pu citer au long de ce dossier.*